学术文库丛书

# 中国社会转型期教师教育形态与机制调整(1990-2010)

谢冬平　著

中国社会科学出版社

**图书在版编目(CIP)数据**

中国社会转型期教师教育形态与机制调整（1990—2010）/ 谢冬平著 .
—北京：中国社会科学出版社，2016. 4

ISBN 978 - 7 - 5161 - 7684 - 9

Ⅰ. ①中…　Ⅱ. ①谢…　Ⅲ. ①高等师范院校 - 师资培养 - 教育改革 -
研究 - 中国 - 1990—2010　Ⅳ. ①G655. 1

中国版本图书馆 CIP 数据核字(2016)第 037608 号

出 版 人　赵剑英
责任编辑　宫京蕾
责任校对　曹　丞
责任印制　何　艳

出　　版　中国社会科学出版社
社　　址　北京鼓楼西大街甲 158 号
邮　　编　100720
网　　址　http：//www. csspw. cn
发 行 部　010 - 84083685
门 市 部　010 - 84029450
经　　销　新华书店及其他书店

印刷装订　北京市兴怀印刷厂
版　　次　2016 年 4 月第 1 版
印　　次　2016 年 4 月第 1 次印刷

开　　本　710 × 1000　1/16
印　　张　9. 75
插　　页　2
字　　数　109 千字
定　　价　38. 00 元

凡购买中国社会科学出版社图书，如有质量问题请与本社营销中心联系调换
电话：010 - 84083683

# 《红河学院学术文库》总序

红河学院地处红河哈尼族彝族自治州州府蒙自市，南部与越南接壤。2003 年升本以来，学校通过对高等教育发展规律的不断探索、对自身发展定位的深入思考，完成了从专科到本科、从师范到综合的“两个转变”，实现了由千人大学向万人大学、由外延扩大到内涵发展的“两大跨越”，走出了一条自我完善、不断创新的发展道路。在转变和跨越过程中，学校把服务于边疆少数民族地区的经济社会发展、服务于桥头堡建设、服务于培养合格人才作为自己崇高的核心使命，确立了“立足红河，服务云南，辐射东南亚、南亚的较高水平的区域性、国际化的地方综合大学”的办学定位，凸显了“地方性、民族性、国际化”的办学特色，目前正在为高水平的国门大学建设而努力探索、开拓进取。

近年来，学校结合区位优势和独特环境，整合资源和各方力量，深入开展学术研究并取得了丰硕成果，这些成果是红河学院人坚持学术真理、崇尚学术创新，孜孜以求的积累。为更好地鼓励具有原创性的基础理论和应用理论研究，促进学校深入开展科学研究，激励广大教师多出高水平成果和支持高水平学术著作出版，特设立“红河学院学术著作出版基金”，对反映时代前沿及热点问题、凸显学校办学特色、充实学校内涵建设等方面的专著进行专项资助，并以《红河学院学术文库》的形式出版。

学术文库凸显了学校特色化办学的初步成果。红河学院深入实施“地方性、民族性、国际化”特色发展战略，着力构建结构合理、特色鲜明、创新驱动、协调发展的学科建设体系，不断加大力度推进特色学科研究，形成了鲜明的学科特色，强化了特色成果意识。学术文库的出版在一定程度上凸显了我校的办学特色，反映了我校学者在研究领域关注地方发展、关注民族文化发展、关注边境和谐发展的胸怀和视阈。

学术文库体现了学校力争为地方经济社会发展作贡献的能力和担当。服务社会是大学的使命和责任。学术文库的出版，集中展现了我校教师将科研成果服务于云南“两强一堡”建设、服务于推动边疆民族文化繁荣、提升民族文化自信、助推地方工农业生产、加强边境少数民族地区统筹城乡发展的追求和担当，进一步为促进民族团结、民族和谐贡献智慧和力量。

学术文库反映了我校教师在艰苦的条件下努力攀登科研高峰的毅力和信心。我校学者克服了在边疆办高等教育存在的诸多困难，发扬了蛰居书斋，沉潜学问的治学精神。这批成果是他们深入边疆民族贫困地区做访谈、深入田间地头做调查、埋头书斋查资料、埋头实验室做研究等辛勤耕耘的成果。在交通不畅、语言不通、信息缺乏、团队力量薄弱、实验室条件艰苦等不利条件下，学者们摒弃了“学术风气浮躁，科学精神失落，学术品格缺失”的陋习，本着为国家负责、为社会负责、为学术负责的担当和虔诚，展现了追求学术真理、恪守学术道德的学术品格。

本次得到学校全额或部分资助并入选文库的著作涵涉文学、经济学、政治学、教育学等学科门类的七部专著，是对我校学术研究水平的一次检阅。尽管未能深入到更多的学科领域，但我们会以旺盛的学术生命力在创造和进步中不断进行文化传承和科技创新，以锲而不舍的精神和舍我其谁的气质勇攀科学高峰。

“仰之弥高，钻之弥坚；瞻之在前，忽焉在后”，对学术崇高境界的景仰、坚韧不拔的意志和自身的天分与努力造就了一位位学术大师。红河学院人或许不敢轻言“大师级”人物的出现，但我们有理由坚信：学校所有热爱科学研究的广大师生一定能继承发扬过去我们在探索路上沉淀的办学精神，积蓄力量、敢于追梦，并为努力实现“国门大学”建设的梦想而奋勇前行。当然，《红河学院学术文库》建设肯定会存在一些问题和不足，恳请各位领导、各位专家和广大读者不吝批评指正，以期帮助我们共同推动更多学术精品的出版。

甘雪春

2013 年 10 月

# 目　录

绪论 …………………………………………………………… (1)
第一章　教师培养形态转型：从“师范教育”到“教师教育” …………………………………………… (9)
第一节　我国传统师范教育的体制特征 ……………… (11)
一　封闭性办学体制 ……………………………… (13)
二　强调“师范型”人才培养模式 ………………… (15)
三　模式陈旧、结构单一的学科设置与课程体系 …… (16)
四　不完善的教师教育认证制度 ………………… (21)
第二节　教师教育体系的应然特征 ………………… (22)
一　教育过程一体化与终身化 …………………… (23)
二　培养模式开放化与大学化 …………………… (24)
三　培养过程与培养目标专业化 ………………… (26)
四　学科知识广博化 ……………………………… (27)
五　质量评价全员化与制度化 …………………… (30)
六　重反思型人才培养模式 ……………………… (31)
第三节　从“师范教育”到“教师教育” …………… (33)
一　教育理念的转变：学历教育发展为终身教育 …… (36)
二　办学模式的转变：师范体系发展为综合体系 …… (37)

三 培养体系的转变：开放性取代封闭性 …………（37）
四 评价方式的转变：发展性评价取代奖惩性评价 ……………………………………………（38）
第四节 开放化的教师教育体系的构建仍需时日………（40）
一 教师教育的边缘化趋势……………………………（41）
二 教师教育的质量持续滑坡…………………………（43）
三 教师教育地位应然与实然的落差…………………（45）
四 正在成形的教师教育无法支撑基础教育的大厦 …（45）
**第二章 痛苦的抉择——师范院校的变革**……………………（47）
第一节 高师院校转型概述……………………………（50）
一 根本原因：社会经济飞速发展、人力资源市场调节 ……………………………………………（53）
二 主要原因：社会对人才素质要求高层次化………（54）
三 直接原因：基础教育改革，尤其是新课程建设 …（55）
第二节 转型期高师院校面临的现实困境………………（55）
一 优势（师范性）不优，劣势（学术性）仍劣 …（56）
二 高师院校经费投入有限……………………………（57）
三 师资队伍结构失衡…………………………………（58）
四 专业设置“附属化” ……………………………（59）
五 教师培养与基础教育严重脱节……………………（59）
**第三章 教师培养机制转型：从“师范性”到“综合性”** ……………………………………………（61）
第一节 高师院校转型的三个层面……………………（62）
一 外缘机制转型层面（机构转型） ………………（64）
二 中缘机制转型（学科与专业转型） ……………（65）

三　内缘机制转型（课程的转型）　………………（67）
第二节　高师院校的生命在质量………………………（69）
一　调整学科结构，融合“学术性”与“师范性”　……（70）
二　注重课程体系的建设……………………………（71）
三　立足基础教育，落实教师教育一体化……………（73）
四　推进制度创新，完善教师认证制度………………（75）
五　优化专业教师队伍………………………………（76）
**第四章　培养目标转型：从“对象范本化”到“教师专业化”**　………………………………………（78）
第一节　专业化：教师教育发展的必然要求…………（79）
一　教师专业化的内涵………………………………（79）
二　教师专业化的缘起与发展………………………（81）
三　教师专业化的意义与作用………………………（83）
第二节　问题与差距：我国教师专业化的现状………（84）
一　专业意识缺乏……………………………………（85）
二　专业发展基点偏差………………………………（86）
三　专业发展基础薄弱………………………………（86）
第三节　教师专业化：转型期高师院校的培养目标选择……………………………………（88）
一　一体化规划教师教育，推进继续教育的专业化　…（89）
二　改革教师教育管理体制…………………………（90）
三　提高高师院校师资队伍专业化水平……………（93）
四　重视教育硕士学位建设…………………………（94）
五　健全教师教育法律法规体系……………………（95）

**第五章 教师专业发展体系的构建** …………………………（98）

第一节 教师专业发展体系之一——专业知识的建构 ……………………………………………（102）

一 教师教育课程体系构建的总体思路和基本依据 ……………………………………………（102）

二 转型后的高师院校教师教育课程体系改革构想 ……………………………………………（103）

第二节 教师专业发展体系之二——专业道德的养成 ……………………………………………（106）

一 教师职业道德素养的缺失 …………………………（107）

二 教师职业道德的构成 ………………………………（111）

第三节 教师专业发展体系之三——专业能力的提升 ……………………………………………（115）

一 教师专业化背景下教师能力结构体系的重构 …（117）

二 教师专业化背景下教师能力的培养途径 ………（125）

第四节 教师专业发展体系之四——教师行为的养成 ……………………………………………（127）

一 教师行为概述及本质 ………………………………（128）

二 教师行为规范的主要内容 …………………………（132）

三 确立对话式教学行为 ………………………………（134）

**参考文献** ……………………………………………………（137）

**后记** …………………………………………………………（144）

# 绪　论

从社会学的研究角度来看，人类社会的进步史就是一部“社会变迁”史，而“转型”就是社会变迁过程中的“质的一跃”，每一次的“转型”都意味着社会的经济结构、文化态势、价值观念等进入新的发展轨道。因此，从某种意义上说，“转型”是一个战略问题，如何平稳地实现“转型”，完成“惊险一跳”，将会对人们的生产、生活方式、思想观念等带来全新的变化。有专家学者指出，近100年来，我国真正意义上的社会转型有三次，按时间顺序来说，分别是辛亥革命（结束长达两千年的封建帝制）；新中国成立（确立社会主义制度）；改革开放。在推进社会转型中的几个问题，温家宝总理曾说“一个舰队的速度取决于最后一条船”，在社会转型中要注重文化的影响力，而文化的影响力，主要靠教育完成。本书中的“社会转型期”主要是指20世纪90年代至21世纪初，以这一时期的高校“合并、共建、合作”为背景，梳理“师范教育”在发展中面临的困境以及高等师范教育机构所作出的抉择，时代发展到今天，这些“抉择”已初见成效，有成功，也有让专家学者为之“叹息”的方面，本书权且作一经验的粗陋小结。

“百年大计，教育为本”，人类正处在一个急剧变革的时代，时代在发展，社会在进步，由于通信技术、网络技术以及交通技术的大大改进，人与人之间的沟通越来越频繁，人口流动的速度和规模日益增大，文化与文化之间的沟通也越来越频繁。政治、经济、社会以及文化生活等各方面也都随之发生了深刻的变化。社会与时代的变迁给人们的生活带来了巨大且深刻持久的影响。人们不再生活在一个相对封闭的独立文化圈子中，从人类发展历史长河看，这种变化从根本上改变了人们的思维和生活方式。当今世界各国为了在日益激烈的全球性竞争中立于不败之地，纷纷把眼光投向关系到自身前途和命运的根本性事业——教育。事实上，尽管这场竞争是全方位的，涉及经济、政治、科技、军事、金融、文化教育等各个领域，但归根结底是人才的竞争，也就是教育领域的竞争。在21世纪的今天，教育水平已经是一个国家是否强大的最重要依据。

教育就是一种有目的、有组织、有计划、系统地传授知识和技术规范等的社会活动。教育的根本价值，就是给国家提供具有崇高信仰、道德高尚、诚实守法、技艺精湛、博学多才、多专多能的人才，培养经济与社会发展需要的劳动力，培养合格公民，为国、为家、为社会创造科学知识和物质财富，推动经济增长，推动民族兴旺，促进人的发展，推动世界和平和人类发展。教育在社会中起着相当重要作用，教育既是立国之本，也是判断民族兴旺的标准，一个国家有没有发展潜力看的是教育，这个国家富不富强看的也是教育。无论在何时、何地、何种社会制度下，教育都是不可忽视的、不可不要的，因为无论什么时代、什么社会、什么制度都需要有文化的人、有知识的人、有能力的人。

20 世纪六七十年代，在教育领域，世界各国都遇到了许多问题，有些问题是传统教育体系的积弊，有些是在发展中出现的新问题。为解决现代教育领域面临的诸多问题，20 世纪 80 年代以后，世界主要的发达国家掀起了教育改革的浪潮。国际著名教育改革理论专家哈维洛克（R. G. Havelock）教授曾对“教育改革”作过如下定义：“教育改革就是教育现状所发生的任何有意义的转变。”教育改革是一个系统工程。在教育改革的研究文献中，有许多术语是交替使用的，我们经常见到的有：变革（change）、改革（reform）、革新（innovation）、改进（improvement）、革命（revolution）等。从这一界定中，有三点值得注意：首先，教育改革是立足于“教育现状”，是以“教育现状的变化”为判定标准和依据的，教育改革如果不能引起现有教育实际状况的变化，就不能教育改革；其次，教育改革有着明显的具体效应或结果，意味着教育的最初状态与变革后状态的明显不同，而且这种变革是一种“有意义的转变”；再次，教育改革的结果不是每次都尽如人意的，我们知道，每一次变革并不都意味着成功，有的改革经实践检验后，并没有实现“质的飞跃”，也没有体现“进步的意义”。换句话说，教育改革的结果可以是正向的（教育改进），也可以是负向的（教育退步）。在这个意义上来说，我们的教育改革并不是每次都意味着成功，在失败中奋进，在成功里战斗，这是我们在教育的改革中总结出的经验。

20 世纪 80 年代以来，我国正值政治、经济、文化急剧变革的时代，教育也进入了一个发展的新阶段。国家采取立法、政策扶持、增加投入等多种措施发展教育。世纪之交，随着国际国内形势的发展，我国政府制定了一系列发展教育的策略，把教育放在优先发展的战略地位，2010 年 5 月 5 日，时任国务院总理的温家宝主持召开国务院常务会议，审议并通过了《国家中长期教育改革和发展规划纲要（2010—2020 年）》。会议强调，今后十年我国教育改革发展要贯彻优先发展、育人为本、改革创新、促进公平、提高质量的方针。在高等教育方面，旨在“全面提高高等教育质量，优化高等教育结构，加快创建世界一流大学和高水平大学步伐”。在教师队伍建设上，《纲要》指出“健全教师管理制度，改善教师地位待遇，提高教师素质，倡导教育家办学，鼓励优秀人才长期从教、终身从教、到艰苦贫困地区从教，努力造就一支师德高尚、业务精湛、结构合理、充满活力的高素质专业化教师队伍。”① 而要成就这样一支教师队伍，不仅需要国家政策、经济等方面的外部保障，也需要培养教师的高等师范教育系统从内部做深层次变革，从教师教育的培养理念、管理体制、培养目标、课程设置到管理评价都应作出相应深刻的变革。教师教育的发展趋势，对高师院校的人才培养工作提出了新的要求和严峻的挑战，教师教育任务的主要承担者——师范院校也在变革中不断发展。

20 世纪 90 年代以来，随着国家就业政策的调整和高等教育大众化的来临，高师院校传统的生存空间被无情打破，其办学定位、培养目标、人才规格、培养模式受到质疑。原来独立设置的高师院校纷纷寻求新的教育市场和生存空间。1998 年，国

① 国务院明确今后十年中国教育改革发展五大方针，中国新闻网，见 http://www.chinanews.com/edu/edu-zcdt/news/2010/05-06/2266978.shtml（访问时间：2014 年 3 月 12 日，16：45）。

务院机构改革后，高等教育的布局结构也作了重大的调整。此后的几年中，部分高师院校通过“联合、共建、合并、划转”与其他院校合并成为多科性或综合性大学，原来独立设置的师范专科学校则争相升格为多科性学院。一时间，高师教育体系内充斥着一股躁动不安的气氛。1999 年，《中共中央国务院关于深化教育改革全面推进素质教育的决定》明确提出：鼓励综合性高等学校和非师范类高等学校参与中小学教师培养。2001 年 5 月颁布的《国务院关于基础教育改革与发展的决定》又提出：“完善以现有师范院校为主体、其他高校共同参与、培养与培训相衔接的开放的教师教育体系。”实质上，这是从政策上使教师教育面向高校全开放，在教师教育行业引入市场机制和竞争机制。至此，原来独立、封闭、定向的师范教育体系，正逐步向以师范院校为主、非师范院校广泛参与，具有开放性、多样性、终身性的教师教育体系转变。

高等教育的国际化和教师教育体制的确立，使中国传统的师范教育走向教师教育，教师培养机制从师范性走向综合性，从封闭走向开放，在这一过程中，国内外的学者始终追踪着教师培养形态和培养机制的变化，应该说，对于这一命题的研究，国外发达国家的研究已经比较成熟，如美国的科南特编著有《美国的师范教育》，约翰·德拉德著有 *Places Where Teachers Are Taught*，等等。我国教育界首次使用教师教育这一概念是在 20 世纪 90 年代，伴随着高等教育大众化时代以及高校合并浪潮的到来，对教师教育以及高师院校转型的研究也开始逐渐增多。与美国等西方发达国家相比，我国对教师培养的形态转型（从师范教育到教师教育）与机制转型（高师院校综合化、大学化）

无论从理论研究层面上还是从实践操作层面上来说，显然还不够完善和成熟，但是至少已经起步，并且以相当快的速度在发展。笔者检索了20世纪90年代至21世纪初的相关文献，发现虽然对于教师教育与高师院校转型的文献极多，但鲜有把两者相结合并统一于教师专业化这一目标中来，且调查研究型的文献比较少，这就反映出对于这一领域的研究，尽管范围很广，但是深度却不够，研究角度也过于重复，对同一个问题很少从不同视角去看。对于这一领域的研究主要集中在以下几个方面：

（一）教师教育一体化研究。这一方面的文章有《关于教师教育一体化的认识与思考》（张贵新、饶从满《课程、教材、教法》2002年第4期）以及《教师教育一体化的回顾与反思》（荀渊《教师教育研究》2004年第4期）等。

（二）教师教育开放化研究。北京师范大学顾明远先生提出教师教育应从封闭走向开放（《论教师教育的开放性》，《中国高等师范教育》2001年第9期）；《积极推动师范教育转型 构建开放式教师教育体系》（韩清林《教育研究》2003年第3期）也都有关于这一方面的研究。

（三）教师教育的国际比较研究。《国外师范教育层次结构的变革及其启示》（荀渊《高等师范教育研究》2000年第5期）以及《美国教师教育机构转型的历史经验及其启示》（阎光才《教师教育研究》2003年第6期）等文章探索了国外教师教育对中国教师教育改革的启迪。

（四）高师院校综合化、大学化研究。《论师范院校改革与发展的三重目标》（谢维和《中国高等教育》2003年第8期）以及《北京师范大学的发展和教师教育的走向》（钟秉林《中国高教研究》2001 年第 12 期）等都是这一研究的体现。

（五）高师院校发展模式研究。原北京师范大学校长袁贵仁教授提出了高师院校发展的四种模式等等。

（六）教师专业化研究。人民教育出版社教师教育课题组所研究的《教师专业化：新世纪教师教育的理念与改革对策——关于深化教师教育体制改革全面推进教师专业化的初步探索》涉及的正是这一方向。

当然，关于这一命题的著作也有不少，《教师教育的理论与实践》（洪明，福建教育出版社 2002 年版）、《专业化：挑战 21 世纪的教师》（刘捷，教育科学出版社 2002 年版）等等，从这些研究来看，我们可以看到研究呈现多元化的态势，但是怎样把教师培养形态转型与机制转型结合起来进行理论探索、模式论证、现实操作并最终达到教师专业化这一目标仍然是一个研究的薄弱环节，因而具有研究的价值和意义。

2014 年 5 月，习近平主席提出“经济新常态”，用增长促发展，以发展促增长，我国的经济进入一个与过去 30 多年来高速增长期完全不同的新阶段，产业结构的水平向中高端迈进，社会各方面发生深刻变革，顺应这种变革，我国的高等教育机构也迎来了新一轮的转型和调整，高等教育的结构有待进一步优化，在此背景下，当代的教师教育体系从理论到实践都正经历着前所未有的重大转型，这不仅是教师教育的变化，而且也是整个教育体系的变革。“现代教育的‘乌托邦’已经破产！我们必须追寻教育的新曙光！”[①] 教师教育理论与实践的改造，已

① 石中英：《知识转型与教育改革》，教育科学出版社 2001 年版，封底。

不是修修补补的问题，而必须从根基上予以改变，意味着必须重建新的教师教育理论，并在新的理论基础上推进教师教育的实践。[①] 笔者试图通过对20世纪90年代至21世纪的教师教育形态与机制转型的研究，为当今教师教育和高师院校的新一轮改革提供些许经验和借鉴。

① 洪明：《教师教育的理论与实践》，福建教育出版社2002年版，第83页。

# 第一章

# 教师培养形态转型:从“师范教育”到“教师教育”

自有人类社会及其教育活动以来,就有了教师工作。但是,专门的师资培养机构和制度的产生,以及教师培养事业的大规模发展,则是近代两三百年以来的事情。纵观教育事业发展的历史长河,我们可以看到,师资养成主要经历了两个阶段。

一是自然形成。在人类近代以前的漫长的历史过程中,并没有专门的制度和机构来实施教师培养的活动。教师的养成主要是在政治、经济、文化、宗教等方面的实践活动中,通过个人自发的感悟、学习、观察、模仿,获得一定的知识、理念和技巧来实现的。个人具备一定领域的知识和经验是其担当教师这一社会角色的主要资本。这个时期,氏族首领、年长的人、智慧的人、占卜者、官吏、僧侣、庄园主、家庭主妇乃至仆人都可以充当教师的角色。在中国,“三人行,必有我师焉。择其善者而从之,其不善者而改之”的情况比比皆是。可以说,这个时期的教师主要是经验(积累)型教师,教师的养成方式主要是个人的经验积累、“艺徒式”的传递活动、自发的学习与模仿等等，获得专门知识和感性经验是教师养成的主要目标和内容。[①]

二是教育形成。18世纪开始人类进入工业化时代，伴随着大工业的发展和教育的普及，教师职业开始逐渐独立出来，再加上教育科学及教育理论的发展，促使教师专业训练成为可能。于是各国开始设置独立的师范教育体系，保证大量供给师资。随着工业技术革命的继续深入开展，人类进入信息时代，义务教育普遍延长，中等教育迅速发展，职业教育蓬勃兴起，这使得师范教育不仅在数量上要大力发展，培养师资品种上要多种规模，而且培养层次和质量上也要求有较大提高。世界各国开始改革原有的师范教育模式，力求突破这种单一的、独立的、封闭的培养体系，朝多样化、灵活化、开放化、综合大学化的方向迈进。[②] 开放的教师教育模式逐步取代了封闭定向的师范教育模式。在这一过程中，我们从中可以看出师资养成发展中的几条清晰的脉络：培养培训体系逐渐由两级分离（职前、职后）走向三环合一（职前培养、入职辅导、职后提高）；培养目标由"经验（积累）型教师"到"工匠型教师"，再到"反思型教师"；培养方式由自发积累经验到以知识、技能为中心的被动接受，再到以教育教学实践问题为中心的主动参与和研究；"师范性"与"学术性"由分离走向整合；教师培养及职业向专业化迈进。

① 刘复兴：《我国教师教育的转型与政策导向》，《高等师范教育研究》2002年第4期。

② 周洪宇：《世界师范教育的发展历程及规律》，见 http：//www.edu.cn/（访问时间：2011-4-27，13：24）.

## 第一节　我国传统师范教育的体制特征

独立的师范教育体系起源于近代的西方，如德国、法国在17世纪末已成立了一些专门训练教师的机构。到18世纪60年代工业革命以后，随着教育的普及、学校的大量设立，正规的师范教育在西方各国得到了迅速发展。起初的师范教育都属于中等教育性质。随着各国教育水平的不断提高，师范教育逐步发展到高等教育范围。在师范学校，特别是高等师范学校的教学计划里，除了设置普通文化基础课和专业课外，还设置教育课程。其中包括教育学、心理学、教学法、教育见习及实习等方面的课程。

我国最早的师范学校并不是单独设校的，而是附设于南洋公学（1897年）。之后，我国的师范教育在近代向西方学习的过程中逐步在各学制体系中确立与发展，1904年1月13日，清政府颁布《奏定学堂章程》（“癸卯学制”），在此学制体系中，将师范学堂分为初级师范学堂（中等教育性质）及优级师范学堂（高等教育性质）两等，修业年限共为8年。初级师范学堂培养小学师资，招收高等小学堂毕业生，修业5年。同年，颁布《奏定优级师范学堂章程》，规定优级师范学堂应由省设立，各省城宜各设一所。事实上，各省优级师范学堂仍多与初级师范学堂合设，称两级师范学堂。1907年颁布《女子学堂章程》，改变了过去师范学堂不许女子入学的规定。

1912年9月，中华民国政府教育部公布《师范教育令》，规定设立高等师范学校及女子高等师范学校。1913年2月，公布《高等师范学校规程》，规定高等师范学校分设预科、本科、研究科，而且可设专修科。预科及专修科均收中学毕业生，修业年限预科1年，本科3年，研究科1年或2年，专修科2年或3年，规程还规定了学生毕业后要有一定的服务年限。《师范教育令》公布后，优级师范学堂改称高等师范学校，全国划分6个国立高等师范区，直接属于教育部管辖。

1922年，由于实行新学制，取消大学预科，中学由4年改为6年（分初、高两级，各为3年），于是要求高等师范学校提高程度。1923年后，高等师范学校都先后改为师范大学或并入普通大学。这时有很多大学都设立了教育系。有的大学增设了师范学院或教育学院。后来还成立了一些独立的师范学院和教育学院。从文件上看，我国的师范教育体系层级趋于完善，办学的水平也逐步提高，但实际上，由于当时社会环境相对混乱，每个学制在颁布后并没有得到真正的贯彻实施，师范教育空有名头，并没有得到真正意义上的发展。

新中国成立后，经过对高等院校的院系调整，高等师范学校全部独立设置。1952年教育部颁布了《关于高等师范学校的规定（草案）》，规定师范学院修业年限为4年，主要培养中等学校师资；师范专科学校修业年限为2年，培养初级中等学校师资。1953年与1956年曾先后两次专门召开全国高等师范院校会议。在此前后又颁发了有关高等师范院校教学改革的许多文件，制定了许多专业的教学计划（或教学方案）和许多学科的教学大纲，使高等师范教育更加正规化，教学质量不断提高。

1985年，在《中共中央关于教育体制改革的决定》中明确提出“把发展师范教育和培训在职教师作为发展教育的战略措施”。为此，各级政府努力增加投入，为师范教育的改革和发展提供了经费保障。我国师范教育的办学层次与水平趋于完备。学校管理纳入规范化、科学化轨道。

师范教育是教育事业的工作母机，中国的师范教育支撑着世界上规模最庞大的基础教育，它的改革和发展必将有力地推动中国基础教育的改革与发展，必将为提高全民族的素质作出更大的贡献。尽管如此，随着时代的发展，社会对教师素质要求越来越高，以师范院校为主体的定向教师教育体系越来越无法适应经济、政治以及国民的需求。我国的师范教育体制亟须改革。

## 一 封闭性办学体制

所谓“封闭性”一方面是指师范教育与基础教育缺乏互动，忽视中小学教育的实际需要；另一方面是指对教师教育的行业和地区进行垄断，教师的职前培养为中心，忽视教师的入职教育以及职后教育，三类教育之间缺乏有效的衔接、沟通与合作。再一方面是指师范教育内部各层级之间（专科、本科等）缺乏必要的联系与交流。具体来说，主要表现在以下四个方面。

其一，“当我们把眼光转向未来，转向一个即将到来的新世纪对教师的要求；当我们把今日我国师范的教育状态与中小学教育改革和发展的势头相比较，就会发现它在整个教育体系中地位的下落和发展的滞后。它不但没有了世纪初教育改革的‘先遣队’的锐气，而且呈现出‘步履维艰’的老态。……于是人们提出的‘高师教育向何处去’的问题。”① 教师教育的发展，其活力和生命力就在于不断适应基础教育发展的新形势和新需求。要办好教师教育，就要在为基础教育服务的同时加强对基础教育的研究。但是许多高校似乎无暇关注这一点，有教师教育之名，无教师教育之实。我国现行的教育行政体制是高师教育与基础教育分而治之，基础教育改革开展得轰轰烈烈，师范教育改革却举步维艰，甚至连二者改革的方向都不尽吻合，这样不但使师范教育本身失去了很多的实践机会，更使得高师院校培养的学生无法直接适应基础教育的发展要求。一个最明显的例子：基础教育新课改搞得轰轰烈烈，高校方面仍无动于衷。

其二，高校在培养教师时缺乏培养规格上的明确分工。综合性大学的教师教育与师范性大学，重点师范大学与其他一般本科师范院校，本科师范学校与高等专科师范学校在培养规格、课程设置上几乎没有本质上的差别，基本都是按照分科教学目标设计教学体系。趋同的培养模式导致教师教育体系的“开放”走向形式化。

其三，政府对高师院校的各种直接或间接的统一规定削弱了师范院校的竞争压力和改革主动性，这种层层保护的制度使师范院校本身已失去迎接挑战的能力。而且，很多师范院校的生源也是十分单一的，招生工作主要是在本地展开，且师范院校对优质生源的吸引力不足，这不仅导致毕业生就业渠道狭窄，同时也造成了整个教师队伍质量的下降。

① 叶澜：《转变观念、开拓发展空间——论当代中国高等师范教育的发展》，《高等师范教育研究》1995 年第 5 期。

其四，缺乏终身教育意识。高等师范院校一直以教师的职前培养为中心，忽视教师的入职教育以及继续教育，而教师的职前培养又是一次性、终结性的。教师的继续教育目前仍然主要是由独立建制的各级教育学院或者由各大学的远程学院或者成人教育学院来承担。而这些学院的办学水平与同级师范院校倒挂，更为关注经济利益的获取，与教育终身化的趋势相反，很多的继续教育，无论是为了提升学历的函授教育，还是短期的在职研修，无论是课程设置，还是授课流程，基本都流于形式，因此我国师范教育体系中存在着较为严重的职前培养、入职培训以及职后培训的脱离的状况。

## 二 强调“师范型”人才培养模式

在中国师范教育的发展过程中，“师范性”与“学术性”之争由来已久。在师范教育发展过程中，随着时代的变迁以及对教师素质要求的变化，时而强调“师范性”，要求加强教育学科课程的学习和重视教学实习与见习、增加其课时数；时而强调“学术性”，强调学科知识的学习和提高学科课程的比例。综观师范教育的发展历程，特别是在教师工作不受重视的时期，师范生生源大受影响，报读师范专业的生源相对少又差，师范教育水平也由此大受影响。长此以往，使师范教育机构的学生整体水准日益降低，因此其师范性越强的机构，科研水准也相应越低。这种过分强调师范性的做法也使高师院校自身的发展受到很大制约。如招生来源和毕业生出路受到很大束缚；经费来源渠道狭窄，可支配余额不足；科研项目难以争取，不利于提高学术水平；由于发达国家基本上不存在独立设置的师范院校，开展国际交流合作受到限制，等等。也使得师范院校的毕业生难以符合现代教师的素质要求。如学术研究能力差，创新能力不足；知识面相对较窄，思维模式趋同，实际操作能力差，等等。

而在实际教学中，授课的高校教师缺乏对基础教育的了解，因而导致了教学过程中重理论、轻实践的倾向。在教育类课程的开设和实施上偏重理论性课程，忽视实践性课程和教师职业技能的训练与提高。大部分高师院校的实践环节主要是教育实习，占教育计划学时的4%左右，明显偏低。同时普遍忽视与中小学教育实际相结合的实践性课程，导致师范生知识和能力结构不合理，教育实践能力较弱。这就从另一方面导致高师院校在学术性上“先天不足”，在师范性上“后天失调”。教师教育实际上是一种“双专业”教育（学科专业与教育专业），师范院校试图用与综合大学相同的教学时间完成两种专业的教学目标，其结果是用综合院校的学科专业教育标准来衡量师范教育：“学术性”不强，教师职业技能训练因时间限制匆匆施予，流于形式，缺乏系统性、专业性，“优势不优”，造成“学术性”与“师范性”的双重滞后。

## 三 模式陈旧、结构单一的学科设置与课程体系

师范教育从根本上说，就是专业教育与教师职业教育的组合，这是人们在对师范教育长期认识过程中，形成的一个共识。在传统师范教育体制下，学科被人为地进行了划分，师范院校的学科被局限在与基础教育课程相对应的范围之中，这种划分实质上违背了学科发展的规律，从师范院校方面来看，一方面

学科结构不合理。长期以来，师范院校存在专业设置过窄，教学内容偏旧，培养规格单一，服务面过小，灵活性和适应性较差等弊端，难以满足素质教育对教师的需求。虽然近些年来，师范院校在专业改造方面已经作出了很多尝试，也不同程度地举办了一些非师范类专业，但从总体上说，师范院校的专业结构仍显不合理，其本身不是关注现代教育“教书”与“育人”的融合，其根本趋力是教育经济带来的丰厚利润。新兴学科开设相对较少，对高、精、尖的学科和领域也涉猎不多。另一方面，几乎每个本科院校师范类课程设置都基本雷同，除开设教育学、心理学和学科教学理论，进行教育实习外，在专业和课程设置上大同小异。各校师范特色并没有得到应有的重视。20世纪后50年是科学技术发展非常快的50年，但是师范院校的专业设置、课程设置50年几乎没有多少变化。对培养教师至关重要的教育科学、心理科学几十年来也有很大的突破，但很少反映到师范院校的课程之中。

在我国高师院校对师范生的传统培养模式中，课程体系主要由三大类构成：（1）普通文化课程；（2）学科专业类课程；（3）教育类课程。这三类课程相辅相成，普通文化课程为学生打下了相对广博的基础，学科专业类课程是学生将来从教和研究的基础，体现着学生的专业性和学术根基，而教育类课程是指高师院校体现师范性的教育目标，为师范生所开设的，体现着“师范性”这一特质，为学生快速适应岗位以及职业性的成长奠定了良好的基础。这种教育类课程旨在培养师范生将来从事基础教育的教师职业，用以专门培养师范生教育教学责任、能力与素质的，因此教育类课程平台的搭建，课程师资团队的组成，各门课程的组成内容都是各师范生培养学院重点关注和研讨的对象。它既可以包括传统意义下的、以课堂教学为主要形式的教学科目，同时也可以包括一些目的是培养师范生教育教学技能与素质的教育活动，如教育观察实践活动、专题讲座、团队活动等等。从这个课程体系看，是相当完整的，且符合社会、国家对师范生的要求，但在实际操作过程中，却问题多多，具体弊端如下。

（一）教育理论课程门类少

教育理论课程可以帮助师范生掌握教育教学规律，提高其理论素养和学术水平，培养教师现代教育观念、教学设计能力以及教学拓展和创造能力的“核心”课程。但是我们不无遗憾的发现，目前，改革后的高师院校仍然停留在“老三门”、“老四门”阶段，甚至很多教师的教材十年如一日的没有改变过。很多教师本身对这类课程重视度也不够，还停留在以前没有转型的师范院校阶段，认为师范生重要的是技能，只有技能好了，才能就业好，而没有从根本上关注学生学习能力的培养以及后续学术素养的发展，因此，很多教师不注重自身理论的更新，不关注当下的热点问题，这使得学生的学习兴趣大大降低。而实际上高规格的教师必须具有先进的教育理念，扎实的教育理论功底，强劲的教育能力和一定的教育科研能力。这种能力是一位教师后续发展的源头活水，而在这有限的课程和有限的授课时间内，难以解决好一个合格教师应具备的教育科研意识和教育科研能力。

（二）教师职业技能训练课程操作性不强

教师职业技能课程是为教师将来所从事的教育工作做准备

的。职业技能课程发展的好坏，直接关系到学生毕业后岗位适应性的良好与否。应该说，教师职业技能课程是体现高师院校“师范性”，是形成师范生职业素质的基础课程。它在教育类课程中处于非常重要的地位，是直接为师范生未来任教服务的，所以带有很强的技术性、操作性和应用性。我国目前这类课程主要开设的有教材教法、教育技术学、教师职业技能训练与考核等，看似该开设的课程都开设了，但是却有几个明显的不足：首先，高校的师范学系普遍缺乏与中小学的合作，对于中小学第一线的变革无法做出及时回应，即使回应也相对被动等，有的高校虽然关注中小学教学方法上的变革，但是对变革背后的深层意义、政策发展没有进行深入探究，师范生本身也缺乏主动关注中小学实际的行动性；其次，高校教授这类课程的师资主要是由高校本校的教师承担，这些教师理论经验相对丰富，但是对基础教育的实际状况普遍缺乏了解。因而在教学过程中，更多的是从自身掌握的理论经验出发来进行教学，因而当学生走上工作岗位时，往往觉得在大学所学的知识严重与实际相脱节；最后，在就业形势的压力下，很多学生学习相对比较浮躁，既忧心学习，但又无法安心学习，技能性课程不是通过几节课程就能解决的，需要学生在课后努力的学习，需要时间的积淀，而能这样潜心学习的学生比较少。这些都直接导致了我国高师院校中教师职业技能课程设置操作性、实践性不强。

### （三）教育实践时间短暂，形式比较单一

教育实践课的主要任务是培养学生适应未来教育教学工作的素质，训练学生从师能力。这是培养师范生积累实践知识的重要一环，也是师范生由学生角色向教师角色转化的一个转折

点。我国的教育实践主要分为教育实习和见习，其中主要为教育实习。但是目前的实习存在的问题也是很多的，首先是时间短暂。我国目前高师院校的教育实习一般在最后一年进行，时间为五到六周，且除去动员、准备、总结和结束工作，只剩下三到四周时间。此外，还要备课、指导和见习听课，有限的上课时间再被瓜分一下，每个师范生实际上台的时间只有一到两周。其次，师范生在四年的学习中，很少会穿插的进行见习和实习，这样学生所学到的理论，很难在第一时间得到验证；再次实习的形式单一。在实习指导方式上基本上采取实习生到中小学上课的单一模式，缺少创新性。而且由于中小学系统相对的封闭性，学生实习意味着打乱原有教学进度，且学生经验不足，这样对实习班级的学生影响也是很大的，所以，基于此，实习就只是一种师范教育的“形式”和“过场”。为了避免这种情况的出现，很多高校在集中实习以前，都会集中对学生进行培训，甚至会对学生即将上的课程进行反复打磨，这样，就出现了另外一个问题，对许多师范生来说，这种实践性课程变成了一种“表演”，没有实战感，从而未能达到培养学生教学技能的目的。

（四）方法类课程不成体系

这主要表现在：其一，在教学方法上，注重单一的课堂讲授，教学方法的变更与探究相对较少；其二，教师在进行实践类课程教学时，本身对中小学缺乏了解，因此在教学上更容易形成“空对空”的局面；其三，对学生的课后练习情况无法也不愿多加指导与跟进，因此仅靠课堂上的“四十五分钟”学生并不能形成稳固根基；其四，很多学生真正需要方法类课程：如多媒体课程制作，统计方法教育研究方法等缺乏整合，“各自为政”。

## 四　不完善的教师教育认证制度

教师教育认证制度主要包括教师资格认证、教师教育机构认证、教师教育课程认证制度等几个方面。以教师资格认证制度为例，从世界范围看，目前世界上许多国家都是用立法形式规定教师的任职资格，确定其社会地位。美国、德国、法国、日本、英国等都通过实行教师资格制度（“证书制”或“学位制”）来肯定教师职业的专业性和不可替代性，规范了教师的培养模式、评价方式和物质待遇，确保了教师的专业地位和职业权威，为促进教师整体素质的提高、教师职业地位的稳定以及国家整个教育事业的发展作出了巨大贡献。教师资格制度在世界范围内的盛行对我国产生了很大影响。1993 年《中华人民共和国教师法》首次以法律形式明确规定：“国家实行教师资格制度。”2001 年 1 月，教育部召开全国教师资格制度实施会议，标志着我国教师资格制度进入全面实施阶段。之后，为了保障我国教师队伍的素质，对于教师资格证获取的考试也进行了系列的改革，如：改革后实行国考；并且不区分师范生和非师范生；增加考试内容；提高考试的难度……教师准入的门槛逐渐提高，这对教师队伍的建设是非常有利的，但是在如何提升教师资格证的“含金量”上还有待进一步努力。

教师教育认证制度对整个国家教育质量都具有重要意义，但是从我国目前实施情况来看，却不容乐观，与国外严格的认定制度相比，我国在这方面存在明显的不足，其本身存在着标准粗放、一次认定终身有效、对教师专业发展缺乏激励机制等缺陷，无法可依、无章可循、随意性过大的缺陷显而易见，正因为如此，许多中小学普遍反映，非师范生在知识整合等方面的能力要明显强于师范院校毕业的学生。

## 第二节 教师教育体系的应然特征

如果说“师范教育”是一种局部的、封闭性的“小教育”的话，而“教师教育”则是系统的、开放的“大教育”，人类社会已经进入到学习化社会，学习化社会要求教师要终身不断地学习才能做好教师工作。所以，把“师范教育”转变为“教师教育”将标志着我国教师培养走上一个新的历史台阶。2003年，《人民教育》上公布的教师教育改革发展总体目标是：建立和完善适应社会主义市场经济需要的现代教师制度。形成比较完善的现代教师终身学习体系；构建以高水平大学为龙头，师范院校和其他举办教师教育的高校为主体，区域教师学习与资源中心为纽带，教师教育系统与卫星电视网、计算机网络相融通，学历与非学历教育相沟通，职前职后一体化的开放灵活的现代教师教育体系；2010年基本形成以本科院校为依托的专科、本科和研究生三个层次，以本科和研究生为主的教师教育新格局，2015—2020年基本实现本科化；全国中小学教师平均学历水平得到大幅度提升。到2010年，全国城乡新增初中教师全部具有本科学历者增均达到70%，新增初中教师全部具有本科学历；通过新教师补充和在职教师培训使在职小学教师基本具备大专以上学历；初中教师基本具备本科学历；高中阶段教师具有硕士学位者占15%以上。从这个教育目标看，我国目前的教师教育体系正处于成形的过程之中，借鉴国外教师教育研究和实践的有益成果，结合近几年我国教师教育的实践经验，我们可以初步描绘出教师教育体系的应然特征。

## 一　教育过程一体化与终身化

传统的“师范教育”是一种“一次性”的教育理念，认为通过三年或四年的“师范教育”培养，就能让每一名师范毕业生掌握他们终身从事教师职业终身所需要的科学理论知识和专业技能。而入职教育仅仅被看作是走上工作岗位所应履行的一道手续而已。至于在职培训则因流于形式而形同虚设。

在终身教育理念的影响下，教师教育的观念也发生了深刻的变化。1996 年联合国教科文组织在《教育——财富蕴藏其中》的报告中建议：把终身教育放在社会的中心位置上，重新考虑并沟通教育的各个阶段。[①] 教师教育的新理念要求教师教育过程的一体化，即教师教育不仅仅只是一个职前培养的过程，还应该包括专业化的入职教育和有效的职后培训。所谓教师教育“终身化”，是指为了提高教师的素质和水平，将职前教育、入职培养和职后教育三个阶段，视为教师终身教育体系中一个相互衔接、全面沟通、互相联系的完整系统。在全面提高师资队伍整体素质目标过程中，这三个阶段既是连续的、联系的，又是有区别的。“职前教育”阶段要充分考虑教师职业的长期性与实践性，为学生奠定坚实的理论基础；“入职培养”阶段是职前培养与在职进修的中间环节，起着承上启下的作用；“职后培训”阶段时间最长，任务最重，需要不断重复前两个阶段所做

① 联合国教科文组织：《教育——财富蕴藏其中》，教育科学出版社 1998 年版。

的一切，又不能脱离教师本身及任职学校乃至整个教育发展的实际需求，是一个不断调整、适应、提高和加深的过程。我国高等师范教育长期以来一直是以教师培养为主，教师的职后培训一般都由教育学院和地方的教师进修学校来承担。从“师范教育”到“教师教育”，给我国师范教育改革与发展提出了新的课题，如何构建教师教育一体化的新体系，改变过去“职前”、“职中”、“职后”“各自为政”的情况，满足教师终身学习、终身发展的客观要求，是高师院校教育教学改革的一项重要任务。

## 二　培养模式开放化与大学化

教师教育体制由封闭走向开放、师资培养由垄断走向竞争、师资来源由单一化走向多元化是一个必然的趋势，也是全面推进教师专业化的客观要求。一体化的教师教育要求打破单一的教师培养体系，吸收非教师教育系统的力量，形成多样化的教师培养体系。2001 年颁布的《国务院关于基础教育改革与发展的决定》提出：完善以现有师范院校为主体，其他高等学校共同参与、培养培训相衔接的开放的教师教育体系。从世界范围看，教师教育开放门户日渐成为教师教育发展的主要潮流，此潮流的一个重要标志是教师教育的大学化的提出与实践。

1850 年，美国的布朗大学设立教师教育部，成为综合性大学设立专门院系培养中小学师资的先例。① 南北战争以后，各州的大学开始普遍设置教育学讲座。② 随着教育课程范围的不断扩大，大学的教育学讲座逐渐发展为教育系，到 20 世纪 30 年代

① 苏真：《比较师范教育》，北京师范大学出版社 1991 年版，第 27 页。
② 滕大春：《美国教育史》，人民出版社 1994 年版，第 432 页。

则发展为大学教育学院。波士顿大学就是其中的典型。[①] 至20世纪五六十年代，“教师教育大学化”首先在美国出现，其核心思想就是强调大学在教师教育中的作用，在形式上则表现为综合性大学设立教育学院参与培养师资。

教师教育大学化的理念支配着整个20世纪美国教师教育的发展，这种大学理念主要通过提高教师教育的学术性和学历来体现。早在1900年，强调学术训练就成为美国师范学校的基本准则，具体表现为：提高师范生的入学标准；要求师范生拥有高中毕业文凭；扩充师范生的学习课程。1920年以后，教师学院逐渐发展起来，在教师学院的发展中，学术性和高学历仍是其追求的目标。1939年，在美国教师学院协会的150个教师学院中，有31个提供硕士学位课程。[②] 但这种硕士学位课程很快便不能满足对大量高质量教师的要求，到20世纪60年代，教师教育学院开始向多目的州立学院或州立大学转变。这些州立学院或州立大学在授予教育学学位的同时，也授予普通文理科和其他学位。教师教育学院的发展极其短暂历史不仅表明了教师教育大学化是美国教师教育学院发展的必然趋势。也体现着基础教育师资“高学历化”的诉求。

20世纪90年代以来，这一思想在西方发达国家有了质的飞跃，其重要标志是1991年7月欧洲教师教育联合会召开的以“大学在教师教育和培训中发挥着越来越基础的作用”为主题的专门会议，大会从六个方面论述了大学参与教师教育的必要性

① John, I. Goodlad, Rojer Soder, and Kenneth A. Sirotnik (eds.), *Places Where Teachers Are Taught*, Jossev-Bass Publishers, 1990: 57—58.

② Ibid., 150.

和重要性，并首次提出了“教师教育大学化”（universitisation of teacher education）的概念。[①]

“高学历化”这既与基础教育对中小学教师提出的新要求、新期盼相适应，也与高等教育的大众化趋势及各行各业对人才需求的高学历化趋势相呼应。目前，我国中等师范学校已经退出历史舞台，教师培养主要由高等师范院校承担，学历教育和在职进修并举，教师趋向于高学历化，三级师范教育结构逐渐被两级师范教育结构代替，再加上教育专业学位（“教育硕士”、“教育博士”）的出现与建设也表明我国对提高基础教育师资的学历的信心和决心。

## 三 培养过程与培养目标专业化

从本质上说，教师教育是一种专业教育，专业教育是一种“教成人的教育”。[②] 英国教育社会学家莱西（C. Lacey）认为，教师专业化“是指个人成为教学专业的成员并且在教学中具有越来越成熟的作用这样一个转变的过程。”[③] 我们提出教师教育体系培养目标的专业化，指的是教师教育体系，包括职前培养、入职教育、职后培训的各个环节，应该把促进准备从教和正在从教的人员向专业型教师转化作为所有工作的总体目标。现在不少国家的法律都把教师作为一种专业人员来对待，要求对教师实施专业化教育。教师教育就是把“准教师”训练成为从事教育活动的专业人员。要做到这一点，这不仅意味着教师教育

① Harry G. Judge, “Teacher Education and the University”, *European Journal of Teacher Education*, 1991, 14, (3): 257—268.

② Jarvis and Peter, *Professional Education*, *London*: Croom Helm, 1983: 1.

③ 转引自刘捷《专业化：挑战21世纪的教师》，教育科学出版社2002年版，第81页。

认证制度的完善，还应保证师范教育的独特性，进而促成教师职业行业的不可替代性。

## 四　学科知识广博化

20世纪60年代，以美国为首的发达国家开始了综合大学培养教师，在向教师教育专业化迈进的过程中，发达国家不仅重视教师教育标准的研制与解读，也注重培养学生的学术性与可持续发展性。开设的教师教育类课程不仅门类丰富，所开设的课程达几十种，而且课时充裕，注重教育临床实习与实践。

在这个过程中值得我们注意的是，一方面，教师教育课程特色就在于师范性，这是其区别于其他专业的重要方面，这是教师教育的立身之本，这个特色绝不能丢，也是教师职业和教师培养日趋专业化的必然要求。不能因为追求学术性，盲目丢弃“师范性”，因此我们应该重视教育理论课程以及教育实践课程的建设。教育理论课是将教师的教育教学工作作为一门专业看待而需要进行的一些基础训练，它们既能培养师范生对教师专业工作的认识，又培养作为教师应具备的实际教学能力和教育能力。部分发达国家对这方面课程都较重视，具体见表1－1。

**表1－1　部分发达国家与中国高师院校教育系列课程设置状况①**

| 国家 | 教育课程门类 | 占总学时的总% |
|---|---|---|
| 美国 | 教育专业指导课程：教育导论、美国文化与教育、教育史、教育哲学<br>教育专业基础课程：心理学与发展科学、学习理论、课程与教学、教学评估、现代比较、教学技术等<br>教育专业课程：学科教育理论 | 18.4 |

① 高悌主编：《新世纪高师课程的研究与实践》，天津人民出版社2000年版。

续表

| 国家 | 教育课程门类 | 占总学时的总% |
|---|---|---|
| 英国 | 教育原理、教育史、心理学、教育行政、教学技能、儿童发展、健康教育、课程设置等 | 25 |
| 法国 | 教育哲学、教育史、主要教育流派、心理学、教育学、教育的法制和体制、教育技术和教学方法 | 20 |
| 德国 | 普通教育学、学校教育学、教育哲学、教育心理学、社会学、政治学和各科教学法等 | 25 |
| 中国 | 教育学、心理学、学科教学论三门必修课；学科比较研究、学科奥赛辅导、计算机辅助教育等选修课 | 10 |

从表1－1可知，与国外相比，我国教育专业课程开设种类单一。不仅忽略了对学生思维的训练和拓展，而且也忽略了与其他学科的融合与生发。与中国不同的是，目前大多数发达国家的课程设置不但很重视师范性，教师职业的专业化趋向日益明显，也非常重视教育理论的建设和学生思想性的培养，力求达成专业文化知识与教育理论知识的平衡的同时，也注重其他学科，最新理论在教育学知识体系中的融入。

另一方面，在发达国家的教师教育课程设置中，教育实践课程占据十分重要的地位。这不仅表现于实践性课程在时间安排上十分充裕，而且在课程的内容与形式方面也是丰富多样的。如表1－2：

**表1－2　　部分发达国家与中国高师院校教学实践环节一览①**

| 国家 | 国家教学实践环节形式 | 时间 |
|---|---|---|
| 美国 | 模拟实习；早期实地经验；教学实习 | 75—100天 |
| 英国 | 实习基地集中实习 | 24周 |
| 法国 | 连续性教育实践 | 486学时<br>（占两年时间的25.7%） |
| 德国 | 结合教育课程的实践活动两年的顶岗教育实习 | 一学期每周4学时，另有两年的教育见习 |
| 中国 | 教育见习、教育实习 | 大多实习6周 |

① 高悌主编：《新世纪高师课程的研究与实践》，天津人民出版社2000年版。

从表1－2我们可以看到，国外的教师教育一般都很重视实践性教学活动的安排，如：美国的师范生在实习期间，有充分的实践机会，其教学实习一般在中小学协作教师的指导下进行，可以随时讨论学生在工作中遇到的问题。英国的师范生在一、二年级时，每周安排半天到中小学见习，三、四年级时则进行一次集中实习。这些国家从时间的安排上，均超过中国。[①] 中国的见习、实习多为“片断式”的实践活动，既缺乏见习、实习的全程一贯性，也缺乏见习、实习与高校理论课程的融合与拓展。

我国传统的师范教育体制中，学科相对独立，较多重视各科内容自身的逻辑系统，极为忽视不同学科内容之间的有机联系及渗透融合；课程体系主要采用“知识三层楼式”结构（公共基础课、专业基础课、专业课），而且由于设置不合理，造成基础薄弱、专业口径小、不符合素质教育要求。而现代学科结构与课程的特点就是非常重视课程的综合化。教师教育应非常注重人的综合素质的培养，注重创新能力的培养，注重受教育者个性的发展。现代科学技术的发展要求高等学校不仅是传授知识的课堂，更要成为新知识、新科技、新产业的诞生地、发源地。教师教育新的内涵要求无论是综合性大学还是师范大学均要求更好地发挥学科交义效应，开展多学科协作和集成创新，以利于在促进自然科学、社会科学、人文学科交叉、渗透、融合、创新等方面作出贡献。

教师教育向开放化、综合化迈进，使得教师教育的课程不

① 谭娟晖、唐世纲：《当代高师院校教育类课程设置改革的构想》，《怀化学院学报》2004年第3期。

断丰富。教师专业素质的培养需要相应的学科专业与课程体系的支持。广博的学科知识和教师的专业能力均为教师专业化的要求。教师教育课程应借鉴大学通识教育和专业教育两种传统，在学术竞争场所里，大学/学院支持通识教育中的智力学习，而专业学院则强调把教育性学习和发展与现实生活问题直接联系起来。[①] 这样，教师教育既包含了专业教育的内容，也囊括了通识教育的知识，使得教师教育作为一门专业的性质得到进一步的加强。

## 五 质量评价全员化与制度化

教师教育评价强调全员参与，“以人为本”。政府不是唯一的评价主体，社会、中介机构都应该参与评价。既有教育行政领导的教育性评价，还包括同行、学生、家长和社区的动态性评价以及教师的自我评价。一方面，同行、学生、家长等的评价，可以从多个层面、多个视角对教师工作、人格进行更全面、更客观、更科学的评价，并且对教师的自我评价具有一定的补充、纠正和监督作用，搭建一个监督平台；另一方面，教师由原先的评价对象成为评价主体，将极大地激发教师的主体意识，从而促进教师的自我调控、自我反思、自我完善。

教师教育制度主要包括教师资格、教师教育机构、教师教育课程认证制度等几个方面。从世界范围看，目前世界上许多国家都是用立法形式规定教师的任职资格，确定其社会地位。

① Alan J. Reiman, *The Role of the University in Teacher Learning and Development*; *Present Work and Future Possibilities*. Robert A. Roth（Ed.）, *The Role of the University in the Preparative of Teachers*. Talor&Francis: Falmet Press, 1999: 241—260.

教师教育评价的制度化规范了教师的培养模式、评价方式和物质待遇，确保了教师的专业地位和职业权威，为促进教师整体素质的提高、教师职业地位的稳定以及国家整个教育事业的发展作出了巨大贡献。

现代教师教育体系是终身教育体系中的一个重要组成部分，师范教育制度总体上是一个数量保障的体系，随着教师供求关系的变化和人才调节方式的变化，教师教育的主要矛盾突出地表现为传统供求方式与市场调节方式的矛盾，表现为提高质量的要求与提高质量能力的矛盾，因此构建与提高教师教育质量相适应的现代教师教育制度在全面建设小康社会的终身教育体系中具有不可替代的重要地位。

## 六　重反思型人才培养模式

纵观我国师范教育，主要是资格型，以胜任为本。它主要是根据教师任职资格（这种资格是外在的、强加的、固定的）的基本要求而开设培养课程，使受教育者达到国家规定的文化学历标准，从而具有基本的教师职业素质。因而在教学中强调对未来教师行为和技能的训练，但很少要求他们对这些行为进行思考；倾向于让他们照本宣科和遵循教学常规，而很少让他们思考有关教学信息与假定、学生思维以及教学后果与替代方案等问题。在这个过程中，未来教师的探究精神、反思思维和创新能力必然无法激发，无法为专家型教师的成长奠定坚实的基础。并且，所谓“专家型教师”主要指在教育教学的某一方面（主要是学科教学或学术研究领域）有专长的教师。目前国内外还有诸如“学者型教师”（指在教育教学的学术领域里有一定造诣的教师)、“研究型教师”（指用科学方法探求教育教学本质和规律的教师)、“反思型教师”（这种教师不但具有课堂教学所必需的知识和技能、技巧，同时还具有对教育目的、教育行为后果、教育伦理背景以及教育方法、课程原理等更宽广的问题进行探索和处理的能力）等提法。从某种程度上说，这几种说法可以通用，也就是说，现代教师不但要具有宽厚的基础知识、扎实的学科知识、出色的教育教学工作能力，还必须具有创造型的研究能力。不仅如此，我们还应看到专家型、学者型、研究型和反思型教师的人格魅力和心灵影响，二者相辅相成，共同促进。与此相适应，就要有一种新型的教师观和教师教育模式。这种教师观的主要内容有：教师是专业人员；教师是发展中的个体；教师是研究者。基于这一观点，教师教育人才培养模式主要是培养研究型、反思型人才。

要培养这种反思型人才，必须加强与基础教育的工作与联系，只有建立在实践基础上的“反思”，才能真正推动教师走向专业化发展的道路。从某个角度来说，谋求基础教育的发展，是教师教育的出发点和最高目标。即教师教育以基础教育的理论与实践研究为依托，变终结性的师范教育为发展性的、开放性的教师教育。基础教育的理论与实践研究，是“师范教育”走向“教师教育”的基础与前提。教师教育的一个显著特点就是重视基础教育与自身的互动和沟通，一方面借鉴基础教育研究的成果，另一方面又要从教师教育发展的需要出发，加强对基础教育的研究，突破过去从理论到理论的传统，建立高校与中小学的伙伴关系，鼓励和帮助中小学走科研兴校的道路，强化教师教育在研究中求发展的意识。

## 第三节　从“师范教育”到“教师教育”

细心的人们会发现，无论是在教育理论界还是政府文件中，现在人们已经很少看到“师范教育”这个词了，取而代之的是“教师教育”。尽管连很多使用者都把这种取代理解为仅仅是习惯的改变或是“时髦用语”的翻新，但至少“教师教育”这个词已被广泛地接受和使用。

以“教师教育”替代“师范教育”在教育理论界应该有了较为明晰的思路和理解。20 世纪 90 年代以来，教育理论界为了跟踪世界教师教育研究的步伐，开始较为广泛地使用“教师教育”一词，“教师教育”逐渐成为教育学术界的强势话语，但远不及西方国家那样普遍使用。所谓“师范教育”，通常是指职前教师培养，含意狭窄，不及“教师教育”之宽广。对于这一现象，洪明先生作了较为深入细致的考察，进行了梳理和澄清，并提出了以“教师教育”替代“师范教育”更为妥当的三点理由。一是“教师教育”的提法具有国际性，与英文 teacher education 在字面上和含义上都相吻合，有利于国际交流。因为发达国家的有关文献和研究资料早已不再使用“师范教育”一词；针对有些研究者认为只要将教师教育的新内涵赋予“师范教育”就行了，没有必要再换新名词的观点，洪先生提出了第二点理由，即与其在旧名词下更换新内容，不如将新的内涵用新的更为贴切的用词来表示，因为前者的做法容易模糊人们对新内涵的了解，后者的做法则使概念本身就提醒人们对新意的认识；理由之三是，“师范”一词在我国近代的使用有其特定的历史背景，历史发展到今天，历史上的一些事实或现象要么不复存在，要么需要重新作出诠释。因此，根据教师培养和培训的新内涵，以“教师教育”替代“师范教育”概念符合历史发展的潮流，因而也是合理的。[①]

2001年，在《国务院关于基础教育改革与发展的决定》中提出“完善以现有师范院校为主体、其他高校共同参与、培养与培训相衔接的开放的教师教育体系”，可以看作是我国官方文献中使用“教师教育”这个词之始。这种表述上的变迁并非空穴来风或是理论工作者玩的“文字游戏”。从“师范教育”到“教师教育”是世界范围内教师培养体系改革的趋势，标示着教师培养体系全面而深刻的变革。

首先，从“师范教育”到“教师教育”反映了人们对于教师培养体系不同发展阶段及内涵的不同认识。师范学校教育，英文是Normal Education，而教师教育的英文为Teacher Education，表述上有较大的差别。根据《美国教育大百科全书》（2000年）释义，“Normal”一词是由法语英译而来，意思是指为中学后提供的不需要大学或专业水平的专业化教育机构；“Teacher Education”则是指为从事教学职业的人而提供的正规和非正规培训。在我国，“师范教育”的概念与西方有所不同。我国传统的“师范教育”含义比较狭窄，仅仅是指由师范学校、师范专科学校、师范学院和师范大学所开展的全日制的师范专业学生的培养工作，即教师的职前教育。“师范教育”的主体是开展职前教育的各级大中专师范院校。而现代“教师教育”的

① 洪明：《教师教育的理论与实践》，福建教育出版社2002年版。

概念不再局限于职前教育，而是包揽了职前教育、入职教育和职后培训的教师教育体系，体现的是终身教育的理念，强调的是教师成长过程中职前培养、入职教育、职后培训的一体化。相对于“师范教育”这一静态的教师培养观而言，“教师教育”这一概念更多地体现了教师培养的动态性、发展性、终身性、连续性，我们不妨对“师范教育”和“教师教育”两个体系作一较为详细的比较，以期对二者有更清晰的认识，见表1－3。

**表1－3　“师范教育”与“教师教育”体系比较**

| 比较项目 | 师范教育 | 教师教育 |
| --- | --- | --- |
| 教育理念 | 静态的、凝固的、一次性的教育理念 | 动态的、发展的终身教育理念 |
| 内涵 | 教师的职前培养 | 教师职前培养、入职教育、职后培训的总称 |
| 办学主体 | 正规序列的师范大学、师范学院、师范专科学校、师范学校 | 师范类院校、综合性大学、各级教育学院、其他培训机构 |
| 体系特征 | 封闭的、定向的、独立的 | 开放的、非定向的、多样化 |
| 发展趋向 | 单一发展 | 综合化发展 |
| 教育目标 | 学历教育 | 学历教育与非学历教育 |
| 专业化程度 | 较低 | 较高 |
| 课程体系 | 职前单一的传统的体系 | 职前、入职、职后一体化综合的体系 |
| 管理模式 | 政府统一的集权管理 | 政府管理、学校管理、教师个人行为相结合 |
| 评价方式 | 一次性、终结性的单一评价 | 终身的、阶段性的多元综合评价 |

从表1－3我们可以看出，从传统意义上的“师范教育”到现代意义上的“教师教育”，无论从内涵、教育理念上，还是专业设置、课程体系都有了跨越式的发展，主要体现在以下几个方面。

## 一 教育理念的转变：学历教育发展为终身教育

从严格意义上来说，一直以来，我国的师范教育是一种以职前教育为中心的学历教育，而职后培训主要进行形式化的学历补偿教育。一方面，二者由不同的教育行政部门管理，在办学体制、课程设置、资源配置等方面缺乏联系，使教师的职前培养与在职教育缺乏呼应，分别处于两个相对独立封闭的体系之中，没有内在的连贯性和层次性；另一方面，从事在职培训的教育学院、教师进修学校的总体水平低于同级的师范院校，这种水平的倒挂不仅造成了资源的严重浪费，而且使得教师职业成了可替代的职业。

而教师教育就是指将职前教育、入职培养和职后教育三个阶段，视为教师终身发展体系中一个相互衔接、全面沟通、互相联系的完整系统以达到切实提高教师素质和水平的目的。在这个过程中，三个阶段既是连续的、合作的，又是有区别的。人类社会已经进入到学习化社会，学习化社会要求教师要终身不断地学习才能做好教师工作。所以，把“师范教育”转变为“教师教育”标志着我国教师培养走上了一个新的历史台阶，且不同的理念反映出不同的教师专业发展观，教师教育不仅强调“教师是专业人员”，还强调“教师是发展中的个体，是研究者”，[①] 教师职业是和医生、律师同样的具有不可替代性的职业。

---

① 王长楷、邱玉辉：《改革高师教学模式 培养专家型教师》，《中国高等教育》2001 年第 9 期。

## 二　办学模式的转变：师范体系发展为综合体系

师范教育是教育事业的工作母机，一百多年以来，师范教育得到了快速的发展，逐渐形成了规模巨大、结构完整、层次分明、封闭定向的师范教育体系。这个体系既包括主要从事全日制教师职前培养的师范大学、师范学院、师范专科学校和中等师范学校（已基本取消），也包括培养全日制师范生的综合性大学、综合性学院，还包括从事教师职后培训的教育学院和教师进修学校。仅就高等师范教育而言，院校数量和在校生人数都分别占我国高等学校数量和全部高校在校生人数的四分之一左右。这种师资培养几乎由师范院校垄断的状况，极大地削弱了师范院校的竞争力和改革的积极性。

1999 年 6 月颁布的《中共中央国务院关于深化教育改革全面推进素质教育的决定》提出：“加强和改革师范教育，大力提高师资培养质量。调整院校的层次和布局，鼓励综合性高等学校和非师范类高等学校参与培养、培训中小学教师的工作，探索在有条件的综合性高等学校中试办师范学院。”这意味着 50 年来我国高师教育迈出了走向综合化的第一步。目前，以师范院校为主体，其他高等学校共同参与的教师教育体系正在逐步形成，教师教育正向综合化道路大步迈进。

## 三　培养体系的转变：开放性取代封闭性

所谓“封闭性”一是指师范教育与基础教育缺乏互动，忽视中小学教育的实际需要；二是指对师范教育的行业和地区进行垄断，导致师范教育体系保障过度和对政府依赖过强的问题；

三是指各个师范院校毕业生就业渠道狭窄；四是指缺乏终身教育意识。而“开放性”是指教师教育是多元化的，从培养机构来看，可以独立设置教师教育院校来培养教师，也可以由综合性大学和专门的理工大学设教育学院来培养教师，还可以是以中小学校为本的培养教师。其核心是重视教师的实践需求，并通过这种需求沟通职前教育与职后发展，统合学历教育与非学历教育。

自 1999 年《中共中央国务院关于深化教育改革全面推进素质教育的决定》提出“鼓励综合性高等学校和非师范类高等学校参与中小学教师培养”，2001 年《国务院关于基础教育改革与发展的决定》又提出“完善以现有师范院校为主体、其他高等学校共同参与的开放的教师教育体系”以来，我国教师教育已经开始了由封闭走向开放，由单一走向多元的进程。开放性、终身化的教师教育突出教师成长的连续性、阶段性和发展性。在原有的定向型师范教育体制中渗透教师专业发展的理念，综合大学参与教师培养，师范院校增设非师范专业，增强综合办学实力，国家教师资格证书制度的实行，这不仅为非师范类大学毕业生开辟了进入基础教育领域的渠道，也增强了师范类毕业生的竞争力。

## 四 评价方式的转变：发展性评价取代奖惩性评价

以标准化、发展性的评价制度取代随意性、奖惩性的评价方式，是教师教育优于师范教育的一个重要标志。传统的师范教育在评价方式上遵循奖惩性原则，这在某种程度上可以促进改革，但是这种动力是自上而下的，常常只能引起少数人的共鸣和响应，而不是自下而上的，引起全体教师的共鸣和响应。因此，这种教师评价制度难以引起全体教师的重视，也难以调动全体教师工作的积极性。

以促进教师发展为目的的形成性教师评价制度取代以奖惩为目的的教师评价制度成了历史的必然。形成性教师评价制度是一种新型的、面向未来的教师评价制度，它与教师专业化的目标是相统一的。它不仅注重教师个人的工作表现，而且更加注重教师和学校的未来发展，其目的是，在没有奖惩的条件下，促进教师的专业发展，从而实现学校的发展目标。与此同时，这个发展目标又要依靠一系列规范和标准来保障。

要建设内涵丰富的教师教育，教师教育制度上的建设就不能只流于形式，制度的完善对教师教育具有直接的约束力，构成了教师教育可持续发展的最根本的基础。推进制度化建设就成为教师教育发展的必然要求。教师教育多样化、开放化的基础是教师教育的标准化、规范化和制度化。教师教育的标准化主要涉及教师资格证书（许可证）的标准、教师教育机构的办学标准、教师教育课程及教学标准等。制定教师教育质量评价标准，建立起以教师资格认证、教师教育机构认证、教师教育课程认证为核心的教师教育认证制度和体系，以及教师教育质量评价制度和体系。这些制度的建立与完善不仅肯定了教师职业的特殊性和专业性，为我国的教师教育与国际接轨创造了条件；也有助于教育质量的提高，为教师教育自身走向开放提供了制度上的保障。

从表面上、话语上接受“教师教育”不是一件很难的事，但对于“教师教育”的理解和消化恐怕是一个较长期的过程。

而要化为行动，在实践中践行“教师教育”的理念和理念派生出来的规范则是一个更长的历史过程。

## 第四节 开放化的教师教育体系的构建仍需时日

一百多年以来，中国师范教育为民族的振兴发展作出了巨大贡献，师范教育是培养师资的专业教育。各个国家和民族的人民文化科学水平的提高在很大程度上取决于各级各类学校教师的水平。兴办师范教育是教育工作中的一项基本建设。仅就高等师范教育而言，院校数量和在校生人数都分别占我国高等学校数量和全部高校在校生人数的四分之一左右。通过封闭定向的师范教育体系，为基础教育培养了大批教师，支持和保证了全世界最大的基础教育事业的师资供给。可以说，没有师范教育的成就，也就没有基础教育的今天。但是，这个封闭的师范教育体系也不是一成不变的。伴随着高等教育的发展和社会对教师教育要求的不断提高，师范院校个体和教师教育体系整体都在发生变化：其一，尽管一开始并没有得到政府的鼓励，师范院校的综合化发展已不可阻挡，进而也获得政府的默许和认可；其二，师范生的免费教育已基本取消，师范生与非师范生的界限开始模糊；其三，师范教育机构的层次结构不断发生变化，办学层次显著提高，高师本科院校不断增加，师范专科学校相应收缩，中等师范学校停办；其四，在近年的高校合并潮中，一些师范院校通过调整合并改为其他高等学校后，仍继续从事教师教育工作，而一些艺术、体育、民族和其他高等学校也加入教师教育的行列，使从事教师教育的院校的队伍扩大，成分发生变化。[①] 但相对于教育发展的要求，教师教育改革发展还相对滞后，建立现代教师教育体系和制度任重道远。

教师教育体系尽管在理论上、理念上已初步理清，但理论和实践总是有一段距离。往往理论上的澄清并不必然导致实践上的明朗，在教师教育变革转型的实践中依然面临诸多的困惑与问题（质量问题、制度问题、管理问题、地位问题、发展问题、专业化问题等）。

## 一　教师教育的边缘化趋势

把教育摆在优先发展的战略地位是世界各国的基本共识。重视教育必须首先重视教师教育这一点也不含糊。但在实际操作中，教育优先发展的地位并没有得到很好的落实，这一点从教育经费的投入情况可以看出。1993 年，《中国教育改革与发展纲要》明确提出逐步提高国家财政性教育经费支出占国民生产总值的比例要逐年增高，到 2000 年达到 4%。但直到 2012 年，才首次达成这一比例。

### （一）管理上的边缘化

客观上，由于高师院校的转型和综合大学、非师范类高校参与教师的培养，使师范教育与非师范教育的边界越来越模糊。另外，由于转型期教师教育的管理制度缺失，对高师院校转型的行为和教师教育的办学过程缺乏有效的制度保障和质量监控，实际上的教师教育已被“淡化”和“边缘化”。不规范的“开

① 王建磐：《中国教师教育：现状、问题与趋势》，《教师教育研究》2004 年第 5 期。

放”，就是对教师教育的轻视；不规范的转型，实质上是对教师教育的“淡化”。政府部门欲建立开放的教师教育体系的初衷是好的。而且，传统封闭、定向型教师教育体系也确实存在很多弊端。如师范院校科研意识淡薄，科研水平不高；课程设置单一狭窄，学生的基础知识不够宽厚；教师教育的效率低下，培养质量不高，等等。从 20 世纪末开始的教师教育体系的改革总体上是为了打破原来封闭、定向、独立的师范教育体系，使之向开放的、非定向的、综合的教师教育体系转变。改革的大方向是对的，但在实际操作中，“开放”以后的教师教育体系基本类似于一个自由市场，“想进就进”，“想出则出”，理论上的重视和改革演变成了实践中的放任自流。

教师教育体系的不规范开放，使原本专业性不强的教师行业的专业性更加淡化。尽管我国从 1995 年开始施行了教师资格证书制度，但这种制度并没有在实践中得到很好的落实，无证上岗的情况仍然非常普遍。政府部门对教师教育的管理比以往师范院校独立设置时要乏力得多，几乎形成了管理上的空当。教师教育似乎不再作为一项独立的事业进入管理者的视域。

（二）专业设置的边缘化

在 1998 年本科专业目录调整以前，师范专业是独立设置的。1998 年，教育部将原来的 504 个本科专业调整为 249 个，调整后的专业目录中，大量的师范专业不再作为独立的专业而存在。仅保留了教育学专业、学前教育专业、教育技术专业、特殊教育专业和体育教学专业，其他各学科的师范类专业都归并到其相应的“母学科”名下，仅仅注明“师范类”。也就是说，大量的师范专业作为各文理学科专业的附属部分而存在。

由于受传统观念的影响，师范类专业与非师范类专业在人们观念中本就存在一定的落差，师范类专业这种“附属化”、“边缘化”更加大了人们心理上的落差，在学校内部，师范院校综合化以后，大多对师范类专业没有一个正确的定位，“教师教育”成了被遗忘的角落。

#### （三）经费投入的边缘化

原来独立设置的师范院校尽管在经费上并不十分宽裕，但至少能集中有限的财力关注师范专业的建设，也算有稳定的经费来源。师范院校向综合化转型以后，由于师范类专业的缩减和师范专业的“边缘化”，师范专业不再是学科专业建设的重点，和其他理工科学科专业相比，经费投入上基本成了“阳光照不到的地方”。

### 二　教师教育的质量持续滑坡

随着高等教育大众化进程的加快，近年来高等学校为了谋求更好的发展，首先竭尽全力扩大招生规模，唯恐错过这样一次大好机会。随之而来的是资金、设备、师资、建筑等方面远不能适应规模大幅扩张的形势，这些都严重制约着高等教育内涵的充实和教学质量的提高。高等教育包括高师教育的质量普遍下降已成为不争的事实。由此研究者提出不能用精英时代的教育质量观和质量标准来衡量大众化时代的高等教育，但这也从另一个视角说明大众化时代的高等教育质量确实已不可同日而语。在这一背景下，从“师范教育”转型而来的“教师教育”虽有更为广阔的发展前景，但教师教育质量的下降也是不争的事实，从宏观上看，主要体现在以下几个方面。

其一，原来独立设置的高师院校争相“综合化”，淡化“师范性”。从理论上说，“综合化”可以促进更高水平的“师范教育”，但实践中只留下“淡化”和“冲击”。

其二，综合性高校参与“师范教育”，只是为了争夺教育市场，大部分并没有进行师范教育充分的条件和准备，无论从观念上、体制上，还是办学条件、师资队伍、管理模式等各方面都显得欠缺。一个普遍的错误的认识：能办好大学就能办好师范教育。

其三，原来独立设置的师范专科学校争相与其他学校合并以升格为本科院校，一方面，一部分学校在升格以后忘了老本，朝综合性大学看齐，丢了师范的特色；另一方面，一部分坚持在办师范的学校，由于刚从专科升入本科，要么用专科的培养模式培养本科学生，要么照搬其他本科学校的培养计划和培养目标，不考虑自身的传统、条件和特色，等等，培养质量堪忧。新升格的本科院校生源质量偏低也是培养质量下降的一个重要原因。

不能说教师教育质量的下降全是由高师院校转型所带来的，这样对高师院校不是一种公平的态度。造成教师教育质量下降的原因是多方面的，包括：扩招带来的办学资源的相对短缺；教师教育传统体制的缺陷，包括培养目标的偏差、培养模式的单一、课程体系欠科学，以及职前、职后教育相脱节等多个方面；教师教育质量保障机制不完善；等等。

教师教育的质量下降，是教育系统面临的关乎全局又关乎未来的一个重大问题。教师教育质量的下降极有可能导致教育系统的“恶性循环”。教师培养的质量下降，导致基础教育质量的下降，而基础教育质量的下降又造成高校生源质量包括师范生源质量的下降，这样的循环导致整个教育系统质量的下降和功能的弱化，从而对社会的发展带来无形的阻滞。

## 三　教师教育地位应然与实然的落差

教师教育的地位问题本质上是一个关涉教育的前途和命运的核心问题。教师的社会地位问题一直是社会关注的一个焦点问题，因为教师的社会地位在很大程度上折射出社会的政治、经济、文化结构和状态。教师的社会地位既是抽象的，也是具体的。某一行业的社会地位在很大程度上决定了这一行业在社会资源分配中所能获得的资源的多少与优劣，也就决定了这一行业的发展机会和发展潜力。因此，教师的社会地位又直接影响着教师教育在整个教育领域的地位，而反过来教师教育的社会地位关乎教师行业在社会结构中所受重视的程度，决定着教师行业的发展前景和发展后劲。

近几年来，在国家政策的支持下，我国教师的地位在不断提高，志愿从事教师职业的毕业生越来越多，这其中既有政治的原因，也有经济的原因，但是在这个过程中，我们也应看到，教师的地位并没有达到它应有的高度，无论在经济待遇还是政治保障上，都与其他行业有着较大的差距，教师职业的专业性也不断受到挑战。相应地，教师教育也存在着理想与现实的差距，真正提升教师教育的地位仍任重而道远。

## 四　正在成形的教师教育无法支撑基础教育的大厦

基础教育是教育大厦的基石，“基础不牢，地动山摇”。基础教育的现状，决定了未来教育的大厦由什么来支撑。从现实来看，高师院校在转型过程中基本没有考虑基础教育的现实需求问题，只是考虑高师院校自身的发展问题。而综合性大学所兴办的教师教育正在探索自身发展道路，根本无暇顾及基础教育的发展需求。

目前，我国基础教育状况地区之间、城乡之间的不平衡现象非常严重。东部地区、沿海发达地区的基础教育状况优于中西部地区，城市基础教育发展水平远远高于乡村。面对这一现实状况，高师院校以及其他各类教师教育机构应主动承担起为偏远落后地区培养师资的责任，或制定相关鼓励政策引导毕业生就业倾向这些相对落后地区，或在招生上做文章，“定向培养，定向就业”，等等。虽说偏远地区、乡镇教师队伍建设是需要国家、社会、地方、高校共同努力的系统工程，但仅从兴办教师教育的高校来看，这一点仍做得远远不够。

从“师范教育”到“教师教育”是历史发展进步的表现，也是教师培养形态质的飞跃，但是由于各方面的原因，教师教育仍不成熟，很多问题仍有待改进。

# 第二章

# 痛苦的抉择——师范院校的变革

百余年来，我国一直把教师培养称之为“师范教育”，把培养教师的学校称之为师范大学、师范学院等。相应地，我国传统的教师培养制度为独立的师范教育体系。随着教师教育的综合化、专业化、一体化，这种定向的、一次性的师范教育观念必须转型。国际上，“教师教育”作为一种新理念已取代传统意义上的“师范教育”。顺应世界教师教育发展的潮流，在我国，“师范教育”这一概念也正在被“教师教育”所取代，但从总体来看，教师教育理念尚待进一步到位。不同的理念反映出不同的教师专业发展观，概念的替换绝不是简单的文字游戏，它要求我国的师资培养从观念到制度上发生实质性转变。以《中国大百科全书（教育卷）》为代表的各种教育工具书，大都把师范教育定义为“培养师资的专业教育”；“培养和提高基础教育师资的专门教育。包括职前教师培养、初任教师考核试用和在职培训”。虽然人们把“师范教育”定义为专业的或专门的培养教师的教育，但师范教育的实践并非如此。在教育普及程度不高、教师需求量大、教师的待遇比较低、教师主要是接受职前培训的情况下，师范教育这一概念是适用的。比如西方一些发达国家在20世纪30年代以前也把培养教师活动称之为“师范教育”，把培养教师的学校称之为“师范学校”，这些学校主要进行小学教师的培养。但随着科学技术知识更新加速，教育普及程度提高，教师的地位不断提高，教师需要不断更新其知识结构并提高其教育教学水平，西方教师培养出现了职前培养和在职进修并举的情况，“师范教育”这一概念逐步被“教师教育”所取代。比如美国“到 1940 年，‘师范学校’已经过时……州立教师学院也经历了很短的时间，从 60 年代开始发展成为多目标的州立学校或州立大学，既颁发人文学科学位，也颁发教育学位。”随着师范学校的消失，“师范教育”在发达国家的有关文献和研究资料中已经绝迹，西方许多人现在已经不理解“师范”（Normal）有“教师教育”的含义了。不仅西方如此，其他开放程度高的国家和地区也都把教师培养称之为教师教育。这不仅仅是简单的概念替换，而是标志着教师培养进入到一个新的历史阶段。“教师教育”的内涵丰富，在内容上包括人文科学教育、学科教育、专业教育和教学实践；从顺序来看有职前教育和在职教育，从形式来看有正规的大学教育和非正规的校本教师教育；从层次来看有专科、本科和研究生教育。教师教育“包含教学职业的职前、试用和在职等层次。每一层次依次又有一些构成要素。职前层次的内容包括人文学科和科学的一般教育、所教学科领域的专门教育以及指导专业实践的学科的专业教育（例如教育心理学）和教育学的专业教育，以及学校情景中的大部分实践。职前教师教育还包括对进入该专业的候选人进行挑战的评价部分，对毕业生的评价，由国家机构对合格教师颁发资格证书。最近的研究报告明确把新教师的试用期作为教师教育的一个关键阶段，鼓励在这一层次上开展对新教师的帮助及对其的评价活动。最后，在职教师教育主要是由工作现场、研讨会议、正规课程、质询服务等组成的，这样就可以保证和发展教师的实践技能。”可以说，教师教育是职前培养和在职进修的统一，是正规教育和非正规教育的结合，是多层次、全方位立体式的教师终身“大教育”。[①]

从“师范教育”到“教师教育”，不仅在内涵上有了根本的变化，也要求举办教师教育的机构发生相应的变化。在这一过程中，中师终结，综合性院校加入举办教师教育的行列，而作为开办教师教育的主体高师院校也面临着转型发展的抉择。高师院校的转型有其经济、政治的背景，也是高等教育结构调整与优化过程中高师院校适应性发展的主体诉求，但是这种选择的过程却是充满着困惑甚至是痛苦的。因此，很大一部分高师院校在转型过程中出现了盲目性、趋利性，对转型后可能对教师教育乃至整个教育系统会带来什么样的影响缺乏必要的、全面的思考。可以说相当一部分高师院校的转型大多是学校的个体行为、市场行为、自发行为、逐利行为，甚至是盲目行为。政府主管部门有心但是无力左右高师院校的转型，由此带来了一系列的问题，其中最核心的也是最具普遍性的问题是教师教育的“质量滑坡”问题。

机制（mechanism），原是指机器的构造和工作原理，[②] 也指有机体的构造、功能和相互关系，也泛指一个复杂的工作系统或某些自然现象的规律。[③] 从诸学科领域所给出的定义和基本阐

① 黄崴：《从“师范教育”到“教师教育”的转型》，《高等师范教育研究》2001 年第 6 期。

② 《辞海》，上海辞书出版社 1979 年版，第 2862 页。

③ 吴光华主编：《汉英大词典》，上海交通大学出版社 1993 年版，第 1196 页。

述中，笔者认为“机制”这一通用术语的基本含义应包括以下要素：具有相互作用或影响的结构部分；各个部分共同存在于一个相对稳定的系统中；各个部分按照一定方式和规律作相对运动；会随着时间、条件、环境的变化而变化。对于教育来说，机制问题主要集中于运行机制和发展机制两个层面。运行机制包括：调控机制、保障机制（如安全机制、应急机制等）、监督机制、行动机制、合作机制等。发展机制包括：激励机制、创新机制等。[①]

在本书中，教师培养机制的转型主要是指教师培养机构（高师院校）的转型以及与之相关的要素（人才培养模式、学科、课程等）的变化，而本书中探讨的机制转型的时间跨度主要是20世纪90年代至21世纪初这一段时期。

## 第一节 高师院校转型概述

“师范教育”走向“教师教育”与高师院校的改革，二者密切相关。1908年，京师大学堂师范馆改成京师优级师范学堂，并举行首次开学典礼，学部大臣张之洞亲临致辞说：“师范教育，是为一切教育发源处”，百年师范教育的发展符合穷国办大教育的中国基本国情。它支撑着世界上最为庞大的基础教育，对于中国社会与教育的发展起到了巨大的作用。但国情也在变化，尤其是近20多年来的改革开放，中国社会正经历着深刻的转型，综合国力空前提高。同时，随着知识经济初见端倪，教

① 郭卜乐：《教育机制》，见 http：//www. zgxl. net/（访问时间：2011－4－2，11：25）.

育在国家发展中所具有的先导性、全局性与基础性的地位与作用也愈加明显。教师教育多元化与教师教育专业化问题的同时突显，是时代对高师教育转型的热烈期盼。师范教育的转型应理解为是中国教师教育更上一层楼，是历史性的胜利大进军，而不是受挫后的大溃退。师范教育走向开放化、大学化、一体化，就必然要求近百年来承担师范教育主力军的师范院校的转型。见图2－1。

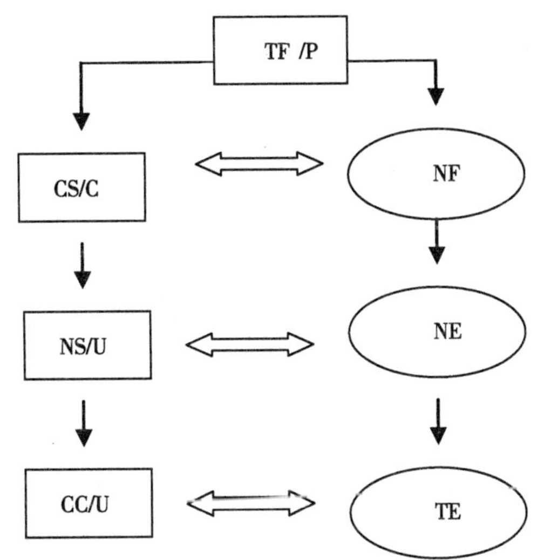


**图2－1　教师培养形态转型（从“师范教育”到“教师教育”）与高师院校转型的关系**

（附注：TF/P：Teacher Formation/Preparation；NF：Natural Formation；NE：Normal Education；TE：Teacher Education；CS/C：Comprehensive School/College；NS/U：Normal School/University；CC/U：Comprehensive College/University ）

从上面这个图示，我们可以清楚地看到：在教师教育概念提出之前，教师培养有两种形态（非学校教育自然产生的教师不再论述），一般性综合院校自然形成教师以及系统的“师范教育”。在一般性院校培养教师时期，并没有专门的师资管理机构和培训机构；发展到“师范教育”阶段，开始出现专门制度来培训、培养教师。把教师管理机构称为师范司、师资处、师资科、教师人事处；把培养教师的学校称之为师范大学、师范学院、师范专科学校、师范学校等；把培训教师的机构称为教育学院、教师进修学院、教师进修学校等。

这样的概念系统与英语文献中对教师概念系统的分类形成了鲜明的对比，从当代国外的文献来看，教师（teacher）概念与话语主要有以下几种：初任教师（initial teacher）、学生教师（student teacher）（不同资格、不同水平、不同类型）、职前教师（pre-service teacher）、在职教师（in-service teacher）、教师教育者（teacher educator，teacher of teacher）、教师培训者（trainee teacher）、教师培养（preparation of teachers）、教师教育的管理者（政府行政管理、大学行政管理）等。这两个概念是有很大区别的。①

可见，教师培养形态的变革与教师教育机构的转型两者联系紧密。就教师培养活动来说，教育形态的转型（从“师范教育”走向“教师教育”）从根本上导致了教育形态的承担者——教师培养机构的转型。从最初的一般性院校，一般性大学中自然生成教师，到师范性院校、师范大学经过专门的师范教育培养教师，再到现在师范院校向大学化发展，经由教师教育系统化培育教师，发展至今，中师终结，师专削减，高师院校向综合化迈进。而这种机构的变化，就势必引起与高师院校

① 人民教育出版社教师教育课题组：《教师专业化：新世纪教师教育的理念与改革对策——关于深化教师教育体制改革全面推进教师专业化的初步探索》，见 http://chat.pep.com.cn/（访问时间：2012－4－8，11：32）.

相关的各个要素的联动，因而高师院校的综合化、大学化，不仅仅显示的是机构的转型，而是包括办学主体、办学理念、课程设置等因素在内的各方面的整个机制的大“转轨”。造成这种“转轨”的原因如下：

## 一　根本原因：社会经济飞速发展、人力资源市场调节

从长远来看，开放的教师教育体系取代封闭的师范教育体系成为培养师资的主渠道，是高等师范教育发展的必然趋势。随着市场经济的确立，封闭性的师范教育体系与日益开放的人才市场格格不入，这主要表现在随着中国市场经济的建立和逐步完善，市场成为社会资源生产与分配的主要调节者。近年来人力资源也已进入市场化调节的范围，加之中国是劳动力极度富余的国家，人才市场的竞争非常激烈。在这个市场上，中小学校作为独立的法人实体可以自主地在人力市场上选择它所需要的师资，并不完全顾及学生是否出自“师门”；学生可以根据自己的意愿选择或不选择教师职业，并不完全顾及自己是否是师范毕业生；唯独师范院校无法强制性地将其毕业生定向分配到中小学校去。这样，封闭、定向已经逐渐失去意义，原来的培养模式的优势在失去，劣势却逐渐显露出来。这些劣势包括：一是定向培养与非定向就业的矛盾日益显露；二是封闭的师范院校往往缺乏与综合大学竞争的意识与能力，加上师范院校的学科设置偏于基础，政府投入往往不足，使得师范院校与同级别的综合大学的差距在扩大，这也是培养出来的学生往往基础知识不够宽厚、学术水平往往赶不上综合大学，在开放的毕业生就业市场上处于非常不利的竞争地位的重要原因；三是数十

年师范院校的办学过程，形成了师范教育的基本模式，培养出来的学生知识结构、思维方式有趋同性，难以满足高水平基础教育对教师的多样化要求。[①]

## 二 主要原因：社会对人才素质要求高层次化

进入知识经济时代，科技发展迅猛无比，知识积累与淘汰的速度都是前所未有的，社会的变化和观念的更新也是日新月异，在这个背景下，整个社会都在向学习型的社会转变。学习型社会对教师教育事业和教师终身学习提出了新的要求。从社会发展对人才的整体需求而言，越来越需要的是科学知识宽广、人文价值深厚、创新精神与实践能力强的人才，如果没有具有知识广博、人文深厚、创新精神和实践能力的教师，显然就无法培养社会发展所需要的新型人才。在一个终身学习的时代，教师理应成为学习型社会的典范，教师不可能通过一次教育终身受用，通过一个阶段的教育所掌握的知识与技能也难以适应所从事教育工作的新要求，学习型社会呼唤着教师终身教育体系的建立和完善。[②] 高等师范院校转型，就是要适应学习型社会对人才的高层次要求。高师院校人才培养模式改革既要考虑社会发展对人才的整体需求水平，又要考虑高等教育的基本性质和一般规律，注重学术追求，强调基本的大学学术水准，同时也要注重人的自由发展，强调通识教育，注重社会服务，强调满足社会进步、公众利益的需要。

---

① 王建磐：《中国教师教育：现状、问题与趋势》，《教师教育研究》2004 年第 5 期。

② 同上。

### 三　直接原因：基础教育改革，尤其是新课程建设

在现有的师范教育体系中，教师教育的重心偏低，难以回应基础教育对进一步提高教师学历层次的要求。很难满足中小学提出的“学者型教师”、“研究型的教师”、“专家型教师”的需求。20 世纪末 21 世纪初，为了回应时代的挑战，我国启动了新一轮基础教育课程改革，基础教育的改革，特别是新课程的建设，是影响当前师范院校改革与发展的又一个关键因素。不难看到，素质教育的实施，特别是近年来新的课程标准和新教材的开发与建设，已经对传统意义上的教师培养和培训提出了十分严峻的挑战和一系列新的要求。再加上由于中小学学龄人口保持稳定并有望下降，九年义务教育逐步普及，我国基础教育发展的重心将从普及转向提高，基础教育对师资需求的重心将从数量向质量转移。顺应这一变化，高师院校必须转型。

## 第二节　转型期高师院校面临的现实困境

20 世纪六七十年代，在教育领域，世界各国都遇到了许多问题，有些问题是传统教育体系的积弊，有些是在发展中出现的新问题。为解决现代教育领域面临的诸多问题，20 世纪 80 年代以后，世界主要的发达国家掀起了教育改革的浪潮。美国在 1983 年发表了《国家在危险中：教育改革势在必行》，英国于 1988 年颁布了《教育改革法》，日本则由首相主持，经过中央教育临时审议会的多次审议，确定了 21 世纪的教育改革发展方向。法国、俄罗斯、澳大利亚、德国等国家也先后开展了教育

改革。在这一次教育改革浪潮中，教师队伍的建设始终是各国政府和学术界广泛关注的焦点。

作为“教师培养的母机”——师范教育自然处于改革的风口浪尖。20 世纪 80 年代以来，我国正值政治、经济、文化急剧变革的时代，教育也进入了一个发展的新阶段。国家采取立法、政策扶持、增加投入等多种措施来发展教育。世纪之交，随着国际国内形势的发展，我国政府制定了一系列发展教育的策略，把教育放在优先发展的战略地位，教育的改革不断深化，教师教育系统正面临着全方位的嬗变。教师教育的发展趋势，给高师院校的人才培养工作提出了新的要求和严峻的挑战，教师教育任务的主要承担者——师范院校也在变革中不断发展。但是改革这么多年来，虽然取得了一定的成绩，问题也层出不穷。

## 一　优势（师范性）不优，劣势（学术性）仍劣

从辩证的角度看，教师教育的“师范性”与“学术性”并不矛盾。学术传统早在正式的师范教育机构“normal shool”出现之前就已经根深蒂固，其原始的本义是古典的人文（liberal arts）教育本身就等同于“为教而准备”。[①]“师范性”以“学术性”为基础，“学术性”又进一步发展了“师范性”，离开了“学术性”，“师范性”也失去了生存的土壤。但是，由于师范院校百年的发展传统以及转型期师范院校试图用与综合大学相同的教学时间完成两种专业的教学目标，其结果是用综合院校的学科专业教育标准来衡量师范教育：“学术性”不强，教师职

① Kenneth M. Zeicher and Daniel P. Liston *TRADITIONS OF REFORM U. S. TEACHER EDUCATION*. At：http：// ncrtl. msu. edu/（Accessed 14：29，28/4/2006.）.

业技能训练因时间限制匆匆施予，流于形式，缺乏系统性、专业性；“优势不优”，造成“学术性”与“师范性”的双重滞后。

## 二　高师院校经费投入有限

高师院校经过新一轮高等学校合并调整后，出现几个明显的特点：第一，数量减少。从1988年的262所减至2000年的214所，减少48所，在整个高等教育中的比重由四分之一降到五分之一；第二，布局出现变化。经济、文化发达的地区，院校减少，而经济、文化欠发达的地区变化不大；第三，参与中小学师资培养的混合型高师教育体系开始形成。[①] 1999年开始，国务院颁布的几个有关教师教育的决定，促使教师教育面向高校全开放，至此，原来独立、封闭、定向的师范教育体系，正逐步向以师范院校为主、非师范院校广泛参与，具有开放性、多样性、终身性的教师教育体系转变。但部分高师院校的转型并非高师院校自身创造性的超前发展，而是迫于形势的需要，为了求生存而作出的无奈选择。而且，由于高师院校在转型过程中出现了盲目性、趋利性，对转型后可能对教师教育乃至整个教育系统会带来什么样的影响缺乏必要的、全面的思考。政府主管部门有心但是无力左右高师院校的转型，这一点从教育经费的投入情况可以看出。原来独立设置的师范院校尽管在经费上并不十分宽裕，但至少能集中有限的财力关注师范专业的建设，也算有稳定的经费来源。师范院校向综合化转型以后，

① 张金福：《高师院校的分流及现状》，见 http：//www. qdedu. gov. cn/（访问时间：2010－4－27，11：23）。

由于师范类专业的缩减和师范专业的“附属化”，师范专业不再是学科专业建设的重点，和其他综合性院校相比，高师院校经费投入有限。教师教育没有受到应有的重视，高师院校举步维艰。

## 三　师资队伍结构失衡

师资队伍水平是高校教育质量和学术水平的决定性因素已成为人们的共识，但是目前高师院校教师队伍的现状与其承担的任务是极不相符的。因此，加强高等师范院校师资队伍建设，提高教师队伍的整体水平和质量已迫在眉睫。教师队伍的整体结构，主要包括学历结构、职称结构、年龄结构、学缘结构等。当前，教师队伍普遍存在着结构不合理的现象，最突出的问题主要表现在四个方面：一是学历结构不合理，特别是在一般高师院校，具有硕士学位和博士学位的人数占教师总数的比例过低；二是知识结构不合理，跨学科人才、综合性人才匮乏，知识结构更新缓慢，对本学科前沿跟踪不够；三是学缘结构不合理。近几年，高师院校师资队伍“近亲繁殖”愈演愈烈，进而影响学科发展；四是高师院校师资队伍断层，体现为老中青三个年龄段两头大，中间小，缺乏中青年骨干教师。[①] 随着经济发展，教师一方面要秉承传统文化精神，另一方面物质诱惑带来的趋利性也比较明显，师资队伍的建设亟待加强。

---

① 王瑛：《当前高校教师队伍中存在的与创新相关的问题分析》，《江苏大学学报（高教研究版）》2002 年第 4 期。

## 四　专业设置“附属化”

高师院校转型后，大部分高师院校仅校名保留“师范”二字，校内曾开设的师范类专业基本都转为非师范专业，且非师范专业的比重远远超过师范专业，师范专业成为“附庸”。在学校内部，师范院校综合化以后，大多对师范类专业没有一个正确的定位，除开设教育学、心理学和学科教学理论，进行教育实习外，在专业和课程设置上几乎都与综合大学雷同，且大多采用综合大学的教材，其结果是课程设置“缺乏师范教育特色，雷同于综合大学学科专业的课程体系”。① 由于师范教育具有双专业性（学科专业和教育专业），而所用的培养时间并没有增加，在这种情况下，用综合院校的学科专业教育标准来衡量，缺陷是明显的。师范院校既无综合大学的优势，又脱离了中小学教育实际，“学术性”不足，“师范性”不强。师范特色并没有得到应有的重视。近几年来，高师院校一直在探讨如何平衡学科专业知识与教育性知识，但是从实践上看，这个问题一直没有得到很好的解决。

## 五　教师培养与基础教育严重脱节

近年来中小学学龄人口保持稳定并有望下降，九年义务教育逐步普及，我国基础教育发展的重心将从普及转向提高，基础教育对师资需求的重心将从数量向质量转移，特别是素质教育的实施，新的课程标准和新教材的开发与建设，已经对传统

① 谢安邦：《师范教育论》，中国建材出版社 1997 年版，第 136 页。

意义上的教师培养和培训提出了十分严峻的挑战和一系列新的要求。新课程改革更强调正确的价值观、科学的态度，更强调每个个体在德、智、体、情、意等方面的全面发展以及在文化多元的社会中的适应能力和自我发展能力。从总体上说，这一改革体现了从学科知识本位向学生发展本位的转变。但长期以来，我国教师的培养是与学科知识本位相对应的，教师的专业发展主要依靠教师自身的教育教学实践探索，[①] 而缺乏科学、系统的指导。因此教师培养培训活动与基础教育严重脱节，不能适应基础教育新课程建设发展的要求，这成为高师院校面临的又一大问题。

① 陈时见：《教师教育发展与高师院校人才培养模式改革》，《中国高等教育》2004 年第 11 期。

# 第三章

# 教师培养机制转型：从“师范性”到“综合性”

从词义上看，“师范”中的“师”意为“教师”、“效法”，“范”意为“模子”、“榜样”，合起来即为“学习的榜样”；[①]还可以表述为“可以师法的模范”。从其内涵上看，“师范教育”蕴涵着较多的伦理学色彩。韩愈对教师有一个经典的解释：“师者，所以传道、授业、解惑也。”在英语中，师范为“Normal”，由法文 Nor-male，源于拉丁文 NORMA，原意为木工的“矩规”、“标尺”、“模型”，含义为“规范”。概括来说，“师范”一词同教师的称谓及其职业特点是联系在一起的。[②] 以《中国大百科全书（教育卷）》为代表的各种教育工具书，大都把师范教育定义为“培养师资的专业教育”；“培养和提高基础教育师资的专门教育。包括职前教师培养、初任教师考核试用和在职培训”。

虽然人们把“师范教育”定义为专业的或专门的培养教师的教育，但师范教育的实践并非如此。在教育普及程度不高、

① 《辞海》，上海辞书出版社 1979 年版。

② 黄崴：《从“师范教育”到“教师教育”的转型》，《高等师范教育研究》2001 年第 6 期。

教师需求量大、教师主要是接受职前培训的情况下，师范教育这一概念是适用的。比如西方一些发达国家在20世纪30年代以前也把培养教师的活动称之为“师范教育”，把培养教师的学校称之为“师范学校”，这些学校主要是进行小学教师的培养。但随着科学技术知识更新加速，教育普及程度提高，教师的地位不断提高，教师需要不断更新其知识结构并提高其教育教学水平，西方教师培养出现了职前培养和在职进修并举的情况，“师范教育”这一概念逐步被“教师教育”所取代。比如美国“到1940年，‘师范学校’已经过时……州立教师学院也经历了很短的时间，从60年代开始发展成为多目标的州立学校或州立大学，既颁发人文学科学位，也颁发教育学位”。[①] 随着师范学校的消失，“师范教育”在发达国家的有关文献和研究资料中已经绝迹，西方许多人现在已经不理解“师范”（Normal）有“教师教育”的含义了。不仅西方如此，其他开放程度较高的国家和地区也都把教师培养称之为教师教育。这不仅仅是简单的概念替换，而是标志着教师培养进入到一个新的历史阶段。

## 第一节　高师院校转型的三个层面

近年来，伴随着国内愈加高涨的教师教育开放性、专业化以及高层次化的呼声，在历经百年定向型、封闭性师资培养体制之后，已经习惯了被国家包办而从无生存之忧的师范院校，

---

① Altenbaugh, R. J. and Underwood, K. (1990), “*The Evolution of Normal Schools*”, *In Places Where Teachers Are Taught*, ed. Goodlad, J. I. Soder, R. and Sirotnik, K. A: 136—186. San Francisco: Jossey-Bass: 150.

面对巨大的生存压力，也不得不各自重新考虑自己的定位，并期望通过办学体制乃至办学方向的变革，来谋求拓展新的生存空间和获得新的发展机遇。如果说，在整个国家教师教育培养体制层面上，这一改革被称之为“转轨”，那么，至少对于部分教师教育机构而言，它无疑是一次涉及人才培养规格、学科专业结构和课程结构全面调整的具有战略意义的“转型”。这一转型的实质内涵并非是拘泥于传统的所谓师范性与非师范性、专业性与学术性之争，而是具有两个层面的现实内涵：一是如何“补短”。即如何通过办学方向和策略的转变，充分利用综合性学科与新的办学理念整合所构建的强大平台的支撑，从而扩大服务面向，提高学校的整体和综合办学效益；二是如何“扬长”。即在愈加激烈的院校竞争中，如何通过转型，充分挖掘现有的资源优势，在全面提升自己的竞争力（包括学术水平人才培养质量等）的前提下，使具有传统优势和特色的师范教育资源得到进一步优化与合理配置。[①] 从目前国内部分已经转型的师范院校来看，“转型”的模式分为三个层次：外缘机制转型（机构转型）、中缘机制转型（学科与专业转型）以及内缘机制转型（课程转型），三者关系见图 3 -1。[②]

从图 3 -1 不难看出三个层面的转型由表及里，共同构成了高师院校的机制转型，且后两方面的转型将从本质上决定师范院校能否实现内在超越，实现由传统向现代的转型。

---

① 阎光才：《美国教师教育机构转型的历史经验及其启示》，《教师教育研究》2003 年第 6 期。

② 谢冬平、朱欣：《教师培养机制转型的三个层面解析》，《福建论坛（社科教育版）》2008 年第 6 期。

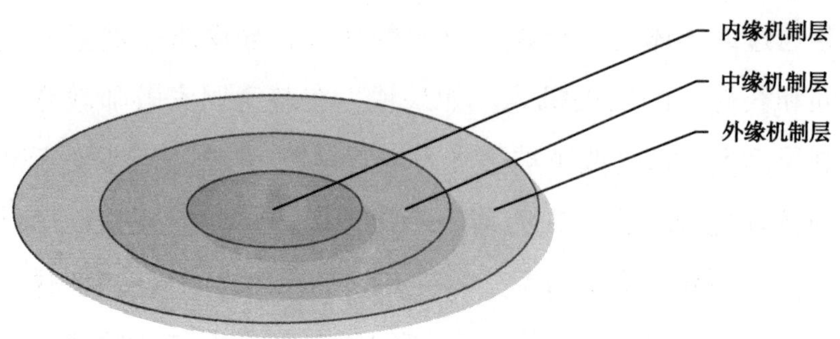


图 3－1　高师院校转型三个层面的关系

## 一　外缘机制转型层面（机构转型）

外缘机制转型层面是师范院校转型的第一层面，这个层面的转型可以说是高师院校转型迈出的第一步，具体说来有以下两种形式：一是师范院校，在有条件的情况下，与其他院校合并或联合办学，如湖南省湘潭师范学院与湘潭工学院合并，于 2004 年成立湖南科技大学就是属于这种形式。这种形式，如若能成功转型，不仅在学科上、设备上有利于资源的互补，同时也能给我国的师范教育发展带来新的契机，从而促进师范院校迈上一个新的台阶；二是师范院校仍然沿用过去的校名，但是实行新的人才培养体制，以社会需要和综合性大学为蓝本，在师范学院内部开设非师范专业，从而转换到“大学＋师范”这一国际教师教育通行的轨道上来，换句话说，就是“转实（机构设置、专业设置、课程设置等）不转名（校名）”。比较典型的就是北京师范大学的重新定位与转型，它的转型目标就是“实现北京师范大学向以教育科学为主要特色的研究型大学转型，为将北京师范大学建设成为综合性、有特色、研究型的世界知名大学，奠定坚实的基础”。[1] 机构转型是师范院校转型的表层，这一层面的转型只能说是师范院校适应社会发展，跟随时代潮流的一种做法，我们不能仅仅依据此来判断一所高师院校是否真正转型。[2]

## 二　中缘机制转型（学科与专业转型）

中缘机制转型层面是师范院校转型的第二层面。学科是大学的基础，学科集人才培养、科学研究、社会服务于一体，是大学承担其任务、履行其职能的基本阵地，也是学校水平与特色的标志。高校办学的基础在学术，而学术的发展是以学科建设的形式实现的。故学科结构是学校的核心与基础。正是基于此，学科建设是学校发展的龙头，是大学的中心工作。师范院校的转型，从根本上说，就是学科建设的转型。传统高师院校的学科是对应基础教育的需要设置的，主要是一些基础性的学科，如文科就是文、史、教育等人文科学；埋科就是数、理、化、天、地、生等基础理论科学，比较单一。高师院校要在保持传统学科优势的基础上，进行学科结构性调整，增加适应社会需要的应用性学科、新兴学科和交叉学科，实现学科结构的综合性。高校的学术、学科服务于社会，又是以设置的专业为载体实现的。故专业设置也是高校办学的基础性结构。传统高师基本只有一类专业，就是师范教育。这一点，我们可以从师范院校专业设置的名称上看出，“中文教育”、“英语教育”、

---

① 《北京师范大学“十五”发展规划纲要（师党发［2001］12 号）》，2001 年。

② 谢冬平、朱欣：《教师培养机制转型的三个层面解析》，《福建论坛（社科教育版）》2008 年第 6 期。

“化学教育”等等。高师院校在转型时，专业设置能否适应社会需要，从单一走向多元化，也是转型成败的关键所在。①

学科与专业转型可以概括为以下几种形式：一为“4+0”模式，学生经过三年的专业学习后，在第四年根据自己的志愿，可选择师范教育，获得师范专业学士学位；也可以选择除教育学以外的专业，获得专业学士学位。二为“4+3”模式，学生在四年的专业学习之后，考取本专业的三年制硕士研究生，此模式为非师范生本硕贯通培养模式，旨在培养高水平的科研与技术人才。三为“4+2”模式，学生在完成四年的本科专业学习、获得专业学士学位后，通过适当的筛选，直接进入教育专业硕士阶段学习两年，获得教育专业硕士学位。② 此外，还有“2+2”模式，即学生入学时，按大文科、大理科招生（既可分师范、非师范招生，也可不分）。前两年按大文科、大理科两个方向组织教学，为学生打下宽广的学科基础，第三年按学生选择的师范或非师范专业进行职业培养分流，进入专业课学习阶段。选择师范专业的学生第4年则集中进行教育学科和教师技能的学习与培训。考虑到初中和小学教学学科内容的浅显性以及基础教育逐渐淡化传统的学科分类，趋向综合型课程的需要，该模式适用于培养初中和小学师资。③

形式还有很多种，但是目的只有一个，即按照综合化的思路，确立新的培养模式，开通师范与非师范专业渠道，进行

① 谢冬平、朱欣：《教师培养机制转型的三个层面解析》，《福建论坛（社科教育版）》2008年第6期。

② 郑超：《教育部酝酿取消师范生 教师资格将定期认证》，见 http://www.people.com.cn/（访问时间：2010-4-28，16：50）.

③ 刘和忠：《高师院校教师培养模式改革探讨》，《中国高等教育》2004年第13、14期。

“学科专业教育＋教师专业教育”培养模式的改革，它强调的是学科渗透，科学研究，同时通过调整教育学科结构，优化教师教育资源，为学生搭建起一个能够满足中学教育教学过程需要的师范专业教育平台，以培养复合型和创新性的专业人才为目标，拓宽学生专业知识，使学生本科毕业就业时具备不低于综合大学毕业生的竞争实力。①

## 三　内缘机制转型（课程的转型）

在师范院校的转型中，内缘机制转型层面是第三层面，也是核心层面。它与中缘机制转型（学科与专业转型）层面共同构成判断一所高师院校是否转型的依据。学科、专业最终实现服务社会的目的，还在于培养高素质的人才。而人才培养有赖于一定的范式。高师院校要培养高素质的人才，就要注重课程的同步建设。课程转型层面以及学科与专业转型层面共同构成了高师院校转型成功与否的标志。② 高等师范院校课程的转型主要来自于下面三个方面的挑战：教师教育体系的开放化，基础教育改革与发展以及教师专业化水平越来越高的要求。

师范院校课程结构转型可以有三种形式：一是微调型。在独立定向的高师院校的教师教育课程体系中，可以通过增加教育学科课程的门类和改善这些课程的质量来提高培养水平。但这种课程模式的发展空间有限，所增加的课时不可能满足教师教育专业的要求。如果过多地增加教育学科课程可能影响学科

① 谢冬平、朱欣：《教师培养机制转型的三个层面解析》，《福建论坛（社科教育版）》2008年第6期。

② 同上。

专业的质量，进而影响学校学术声誉和学术地位。所以，对这种课程结构只能做有限的改革。二是结构性改革。在高师院校内部，按照国家规定的教师教育专业本科和硕士的基本课程门类、学时和学分毕业的标准，由师范院校中的各专业院系为准备当教师的学生提供一般文化课程和学科专业课程，再由教育院系为其提供专门的教育学科课程，为毕业生授予教育学士学位或教育硕士学位。三是开放教师教育，建立开放的教师教育课程模式。[①]

不管采取什么样的课程改革模式，实现教师教育转型最核心的问题有三个：一是构建什么样的课程结构，基础课程、学科专业课程和教育专业课程各占多大比例；二是教育学科课程开设多少门必修课、选修课；三是开设什么样的教育专业课程，使用什么样的教材。[②]

课程转型作为师范院校转型的本质层面，决定着师范院校发展的成败，师范生可以根据自己的兴趣、爱好和特长在更为广阔的课程范围内选课。利用这种丰富的课程资源，既有利于培养学生的综合素质，也为学生个性发展提供了较为宽广的知识背景。同时形成各学校培养教师的专业优势和学科优势，通过灵活性与差异性的互补，实现我国高师教育整体水平的提升。[③]

---

① 谢冬平、朱欣：《教师培养机制转型的三个层面解析》，《福建论坛（社科教育版）》2008 年第 6 期。

② 韩清林：《积极推动师范教育转型　构建开放式教师教育体系》，《教育研究》2003 年第 3 期。

③ 谢冬平、朱欣：《教师培养机制转型的三个层面解析》，《福建论坛（社科教育版）》2008 年第 6 期。

上述三个转型层面由表及里、由浅入深，共同构成了目前高师院校是否转型的三个判断依据。高师院校要发展，首先就要更新思想观念，并且以新的教育理念，符合时代发展潮流的教育观点贯穿高师院校转型的始终，否则，无论是教师教育的发展，还是高师院校的发展都只是空谈。①

## 第二节　高师院校的生命在质量

从“师范教育”到“教师教育”，我国传统师范教育正一步步走向成熟。随着师范教育向综合化、专业化、一体化的转型，传统的师范教育模式必须转变。从某种意义上说，正是师范教育的转型导致了师范院校必须转型。在这一过程中，不仅有来自国际竞争和知识发展提速对我国高等师范院校专业和课程设置提出的挑战以及发达国家高等师范教育的改革对我国高师教育的挑战，同时还有来自当前我国进行的基础教育全面改革对高等师范院校转型提出的挑战。面对挑战，师范院校要做的事很多，首先就是通过内在的改革，提高综合办学实力，实现自身的发展。转型之后的师范院校在培养目标上不再是单一的教师培养，而着重培养综合的教师人才，培养高层次的师资，适应社会需要，提高学习研究水平，这对于师范院校的真正转型具有十分重要的意义。

长期以来，我国师范院校是教师教育的主要载体。师范院校成功地为基础教育输送了众多合格师资。师范院校在发展过

① 谢冬平、朱欣：《教师培养机制转型的三个层面解析》，《福建论坛（社科教育版）》2008 年第 6 期。

程中，形成了自己的特色，但是其封闭式的发展道路也广受人诟病。培养的学生思维模式趋同，再加上一直以来，师范院校注重学生技能的培养，而忽略了学生理论素养的养成，学生发展的后劲普遍不足，显然不适应社会的发展和时代的潮流。随着社会的发展，我国封闭的师范教育体系逐步走向开放，如一些师范院校与其他院校联合办学，向综合性院校发展；还有些师范院校主动适应社会的变革，调整学科与专业设置，在保留“师范性”的基础上，努力向综合性大学看齐，发展“学术性”；一些综合性大学介入教师教育，开始成立并发展教育学科，综合性大学的毕业生也开始进入基础教育和中学教育领域，等等。这些变化表明，师范教育开始走向开放，新的教师教育体系正在形成。

## 一　调整学科结构，融合“学术性”与“师范性”

学科结构的融合与调整是高等师范院校转型的重要内容之一。如贝司特（Bestor）所言：“一种新的教师教育课程应该是建立在坚固的人文和科学基础之上，而不是纯粹的教育学职业技巧之上。……它要求教师必须接受足够的学科训练，并对学科报以彻底的忠诚。”高等师范院校要在保持传统教师教育学科优势的基础上，进行学科结构综合性的调整，增加适应社会需要的应用性学科、新兴学科，特别是交叉的高科技学科，显得尤为重要。这就要求师范院校在调整学科结构过程中，既要重视基础学科和基础理论的教学，把培养学生广博的基础知识结构与发展特定领域的专门能力结合起来，提倡以人为本，自由发展；又要打破学科与专业的限制，融合文理，开设跨学科、交叉学科的课程。必须始终坚持以学科建设为核心，致力于扩大学科覆盖，突出学科重点，提高学科层次，激发学科活力，优化学科队伍。同时，要以培养研究型教师为基点，优化其学科知识结构和教育素质结构、创新研究能力出发，合理设计课程设置的结构比例。通识教育不仅是综合大学的任务，也是师范院校走向综合化的必由之路。

学科结构的优化，应体现师范性与学术性的完美结合，即形式上和内容上的统一。从“综合”观点来看高师院校教师教育的发展，必须提升其学术地位。而我国的师范院校基本上都只重视“师范性”，而忽视“学术性”，要改变这种状况，在当前条件下，师范学院始终不能放弃“师范”这面旗帜，与此同时必须摒弃狭隘的传统的师范教育观，将师范专业特色建立在高度学术水平的基础上，适应教师教育的高学历化与专业化的发展趋势，师范院校的“师范性”与“学术性”不应该是对立的，而应该是辩证的统一，即“师范性”是指具有高度学术水平的师范专业特色，“学术性”则是指具有鲜明师范专业特色的学术传统，换言之，即“留长（师范特色）补短（学术传统）”。挖掘发展师范性课程中的学术性因素和学术性课程中的师范性因素，促进二者的交叉、渗透、融合与统一。

## 二 注重课程体系的建设

总的说来，高师教育类课程力求突出以下几个特征：[①]

1. 注重专题研究。这是培养高质量师资的首要条件。教师

---

① 郑光勇、吴云鹏、张登玉、唐全鑫：《地方高师院校教育类课程改革之构想》，《黑龙江教育（高教研究与评估）》2006年第4期。

是一种“双专业”的职业，它不仅需要教师具有相关专业的素质，了解“教什么”，也需要教师具有教育教学的相关理念和知识、技能，知道“如何教”。为此，必须改变目前高师教育课程各知识点分散游离的状态，并结合国内外教育理论的创新之处，形成专题，在讲授过程中激发学生的思考，并以此指导研究型教师的整个成长过程。

2. 实现必修课与选修课相结合。在共同必修的课程之外，广泛设立大量的选修课，这种灵活的方式既可以保证学生学习的需要，又能够实现学生的个性化培养，提高学生未来的就业竞争力。

3. 改变原来课程重理论轻实用的倾向，突出课程的实用性。课程应把很多目标定位为培养教育的“临床专家”，如教师教学基本功、学生学习障碍与诊断等，希望通过训练，使师范生在将来的教育工作中能顺利适应工作，有效地解决在实践中遇到的问题，成为真正的教育行家里手。

4. 加强与中小学的联系，注重“全程实践模式”的构建。在教师教育专业课程体系中加入信息技术类和教育改革类两个模块，使未来教师了解并适应中小学教学实际的需求。同时，应打通校内实训与校外见习、实习，三个部分应贯穿整个学习过程，从大一到大四，层层推进，环环相扣。

5. 注重方法类课程体系的构建，不仅有研究方法类课程的开设，也必须有学习方法的指导，为将来科研、工作潜力的挖掘作充分准备。

事实上，教师教育课程体系的构建是一个不断探索，并且也是在实践中不断完善的一个过程。无论任何一种模式，都不是固定或者一成不变的。我们应该与时俱进，继往开来，在实践中构建出一个相对完善的教师教育课程体系。

在教育实践环境和条件的建设方面，要充分开发和利用师范学校、中小学校和社会的各种资源，可以尝试通过“全程实习”模式的改革、建立教师专业发展学校、途径和方法来实现对各方面物资、设施、人员、环境以及文化氛围等资源的充分利用，从而为师范教育实践性课程的实施提供有力的保障。从某种意义上来说，这一过程同时也就构成了实践性课程的重要内容。教师教育政策的一个重要内容，就是引导师范院校必须从教育创新的高度更新学校的人才观、质量观和教学观，按照综合化的要求和基础教育课程改革的发展方向，改革师范类课程设置管理办法，加强综合课程、通识课程、选修课程以及实践课程的建设，使其向宽口径、厚基础、通识教育的方向发展，同时使学生的理论知识更好地指向实践。

### 三　立足基础教育，落实教师教育一体化

传统的高师教育与基础教育衔接不紧密，特别是高等师范院校的课程设置没有考虑中小学教学中知识综合性的改革趋势和社会需求，其间缺乏统筹的制度化的安排；高师院校的实习制度也不够健全，不能结合中小学的教学实际，由此师范教育培养出来的教师还要经历一段时间的职业化的实践与培训过程才能任教。这一切无疑加大了中小学教师教育的培养与培训成本。因此，基础教育全面改革对高等师范教育的需求不断调整，这是高等师范教育转型所面临的新的挑战。当前师范院校应重点研究基础教育课程改革的实际需要及其对教师人才规格和知

识结构等方面的具体要求，制定符合基础教育实际的课程与教学改革规划，培养符合基础教育需要的合格教师。教学实习作为教师教育不可或缺的一部分成为解决这一问题的桥梁，在这个过程中，应注重“不同方式的实习既不能仅仅通过理论上的指导想象来实现，也不能仅仅通过没有理论指导的经验进行，而是要将二者紧密结合起来。”① 这就要求师范院校要与中小学合作与互动，形成伙伴关系，使教师教育的理论内容与实际教学紧密结合起来。师范院校的发展必须充分凸显自身在教育科研方面的优势和特色，强化为基础教育服务的研究意识和社会功能，而基础教育的理论与实践研究也应成为师范教育改革的基础和前提。

终身教育、终身学习，是当今世界教育的主流和未来教育发展的方向。而终身教育、终身学习对于教师行业具有特殊意义。教育部在《关于“十五”期间教师教育改革与发展的意见》中指出：“教师教育是在终身教育思想指导下，按照教师专业发展的不同阶段，对教师的职前培养、入职教育和在职培训的统称。”可见，在未来的教师培养体系中，必须给教师创造一个不断发展的空间，提供一个不断发展的平台，这不仅是与当前终身教育的理念相符的，也是不断培养高素质人才的需要。正如有学者所说的：教师教育应该是涵盖了职前、职后教育在内的一体化的教育，单靠职前的一次性终结型的师范教育是不够的。职前教育的终结应成为职后教育的起点，职后教育应建立在职前教育的基础上，既与职前教育保持一定的连贯性，也

① 朱旭东：《教师教育专业化与质量保障体系》，《中国高等教育》2001 年第 18 期。

能凸显自身的特色。

在我国，传统的师范教育主要是针对在校学生进行教师的职前培养，而教师的入职教育和在职时的不断进修学习则主要靠地方教育学院或教师进修学院或者高校的远程教育来完成。实践证明，这并不利于教师培训质量的提高。地方教育学院或教师进修学校，抑或是综合高校的远程教育，在设计职后教育体系时，对职前教育的研究力度不够，因此，在一定程度上造成了职前、职后的脱钩。很多参加培训的教师，本身也没有意识到职后教育对自身的意义，并且在各种因素的影响下，缺乏将学习到的理论运用于实践的热情。实际上在职培训对所有教师来说，既是权利也是义务，每位教师都必须不断更新自己的教育观念、专业知识、教学能力，提高对教育和学科最新发展的了解，只有这样才能在教学中满足学生需求，促进学生自身发展。

## 四　推进制度创新，完善教师认证制度[①]

教师教育体制创新，包括教师教育投资、管理、办学、招生与就业体制的革新以及多样化为特征的灵活开放的教师教育体系的建立，其核心任务是逐渐建立以教师教育机构自主办学为核心的教师教育新体制。与此相适应，教师教育的制度建设，主要是通过实施严格的教师资格证书制度和在政府、社会与教师教育机构之间建立富有成效的质量认证、评估与鉴定制度，保证教师教育质量的持续提高。

① 谢安邦：《教师教育转型时期的体制创新和制度建设》，《教育研究》2004 年第 9 期。

要积极推进教师教育制度创新，改革与完善教师资格证书制度，改变目前“一证在手，终身有效”的现状。适时推出教师资格再认证制度，保证教师在其从业生涯中不断更新观念，提高水平。同时，建立教师教育机构资质认证和课程认证制度，确立教师教育机构资质认证标准，构建教师教育评价指标体系，建立教师教育课程鉴定制度，组建专门的教师教育认证机构。并且，不断完善教师教育的质量保障机制，加强教师教育的教师队伍建设，加强教师教育的设施建设与课程建设，加强对教师教育的质量评估，改进质量评估方法，切实提高教学质量。

## 五 优化专业教师队伍

师资队伍建设是学科建设的关键，提高教师队伍质量是高等师范院校生存与发展的立足点。历史上，我国师范教育为中国的基础教育的发展作出了不可磨灭的贡献。师范院校教师应具有高尚师德、优良教风、敬业精神和高度的责任心，应具有现代教育观念、创新精神和指导中小学教育教学改革的能力。建立专业技术职务和年龄结构合理的专业教师梯队，把加强中青年教师队伍建设放在重要位置，有计划、有目的地培训中青年教师。鼓励优秀骨干教师到国外进修学习。在此基础上，可借鉴发达国家经验，不断提高高校教师，特别是主讲教师的学历，同时为鼓励高师院校教师与基础教育的合作，可以实行“学术假期”制度，在学术假期中，高师院校教师进驻中小学，研究中小学实际问题的同时提升中小学教师的发展。

“教师教育”是开放式教育。将教师教育纳入到整个高等教育体系作为高等教育的一部分，这就拓宽了教师教育的渠道。

这样，综合性大学、专门性大学可以成立教育学院，为那些愿意当教师的各种学科专业的学生提供教师教育。其他非师范专业的学生如果愿意将来当教师，可在完成了本专业的学习并获得本专业学士学位后再到教育学院专门学习教师教育课程，获教育硕士学位。同时，师范院校需要走出传统计划经济条件下形成的封闭体制，既可在现有的基础上加强教师的专业教育，也可逐步过渡到综合性大学，设教育学院专门开展教师培养活动。只有提高教师的学历层次，才能确保教师队伍整体素质的提高，今后中小学教师不仅要达到大学本科学历，而且要有一部分博士、硕士毕业生充实其中，应鼓励有条件的中小学青年教师攻读教育硕士和博士学位，提高教师学历教育层次，形成以本科和本科后教育为主体的教师学历教育格局，以不断提高我国中学教师的学术水平和学历层次。目前，我国高师教育培养模式中，一方面要求学生学习学科方面的知识，如文理融合的哲学社会科学和自然科学知识，为学生进一步学习打下广博的基础，养成“宽口径”；另一方面要求学生学习教育学科方面的知识，如教育和心理结合的学科知识，当然对这种知识的掌握应在保持本民族特色的基础上注重对国外先进经验的总结，这些，都对我国当前高师教育、教师素质提出了更高的要求。

# 第四章

# 培养目标转型：从“对象范本化”到“教师专业化”

长期以来，我国师范院校是教师教育的主要载体。而随着社会的发展，我国封闭的师范教育体系逐步走向开放，如一些师范院校与其他院校联合办学，向综合性院校发展；一些综合性大学介入教师教育，开始成立并发展教育学科，综合性大学的毕业生也开始进入基础教育和中学教育领域等等。这些变化表明，师范教育开始走向开放，新的教师教育正在形成，而原有的师范院校已不能满足时代发展的要求。所以，师范教育要转型，这种转型必然会加大对传统高师院校师范教育的压力，而这种压力必然要求高师院校需要调整人才培养模式的结构，向以教育学科为主要特色的综合性院校转型。

从师范教育到教师教育，从师范院校到综合性学院，对教师的要求也随着时代的发展而发展，从“匠人论”（把学生看成是被加工的产品，把教师看成是加工产品的工匠）到“医者论”（教师在学生的学习过程中进行临床诊断）再到“学者论”（教师与学生一同成长，教师是探求者、研究者，具有强烈的好奇心），教师的素质结构逐渐完善。但是，确切地说，在很长一段时间内，我国的师范教育培养的人才应该称之为“Normas”，换句话说，师范教育经过百年的发展，形成了师范教育的基本模式，因而培养出来的学生在知识结构与思维意识等方面具有趋同性，“various copies of the same norma”，这就是所谓的“对象范本化”。这不仅在一定程度上削弱了师范毕业生的竞争力，也阻碍了高师院校的发展。在这种情况下，教师专业化随之出现。

## 第一节　专业化：教师教育发展的必然要求

1996 年，联合国教科文组织第 45 届国际教育大会强调，“教师问题，特别是教师教育问题已经成为当代教育发展所面临的一个最为关键的挑战。这一挑战所要求的不是按老办法去思考——在现代术语和技术的掩盖下——而是以全面振兴教师专业为框架，从根本上去重新思考传统的教师教育模式”。可以预想，21 世纪人们将以并不限于职前的师资培养阶段，而是一直延伸到教师专业生涯的最后阶段的教师教育（teacher education）的新理念，来代替原有的师范教育（normal education）理念。教师教育作为传统的“师范教育”、“入职教育”以及“教师继续教育”的整合与延伸，将成为人类文明发展到新的高度上的专业教育。[①]

### 一　教师专业化的内涵

专业化是一个社会学的概念，其含义是指普通的职业群体在一定时期内，逐渐符合专业标准、成为专门职业并获得相应

---

① 人民教育出版社教师教育课题组：《教师专业化：新世纪教师教育的理念与改革对策——关于深化教师教育体制改革全面推进教师专业化的初步探索》，见 http：//chat. pep. com. cn/（访问时间：2012－4－8，11：32）.

的专业地位的过程。[①] 教师作为一种职业，教师的专业化也应成为专业化的一种类型。教师不仅是知识的传递者，而且是道德的引导者，思想的启迪者，心灵世界的开拓者，情感、意志、信念的塑造者；教师不仅需要知道传授什么知识，而且需要知道怎样传授知识，知道针对不同的学生采取不同的教学策略；教师职业不仅有自己的理想追求，有自身的理论武装，而且有自觉的职业规范和高度成熟的技能技巧，具有不可替代的独立特征。教师专业化既是教师成长发展的过程，更是教师成长发展的结果，它包括教师职业专业化和教师教育专业化两方面的内容。所谓教师职业专业化，是指一个个体成为教师职业群体的合格成员并且通过不断学习，素质越来越高，技能越来越娴熟的转变过程。教师职业准入制度的建立、职业规范要求的确定，是教师职业专业化的具体表现。所谓教师教育专业化，是指教师养成是一种专业化过程，具有专门的机构和人员、专门的培养模式和课程计划、专门的教师教育评价标准是其具体表现。教师职业专业化要求教师教育专业化。[②] 概括起来，教师专业化的内涵包括：第一，教师专业既包括学科专业性，也包括教育专业性，国家对教师任职既有规定的学历标准，也有必要的教育知识、教育能力和职业道德的要求；第二，国家有教师教育的专门机构、专门的教育内容和措施；第三，国家有对教师资格和教师教育机构的认定制度和管理制度；第四，教师专业发展是一个持续不断的过程，教师专业化也是一个发展的概

① 曲铁华、冯茁：《专业化：教师教育的理念与策略》，《教师教育研究》2005 年第 1 期。
② 张传燧：《教师专业化：传统智慧与现代实践》，《教师教育研究》2005 年第 1 期。

念，既是一种状态，又是一个不断深化的过程。[①]

## 二　教师专业化的缘起与发展

教师职业伴随着人类社会的产生而产生，但作为专门培养学校教师的专业性教育却只有三百多年的历史。教师专业化是一个内涵不断丰富的过程。

从上古学校产生起到工业制度形成以前，没有专门的教师教育机构来培养教师。随着工业化制度的到来以及义务教育的普及，国民教育制度的建立，许多国家开始设置培养专职的中小学教师的师范教育机构。但这种早期的师资培训机构，教师的培训仅被视为一种职业训练而非专业训练。18 世纪中下叶，教学开始作为一门专业从其他行业中分化出来，形成自己独立的特征。欧美各国相继出现了师范学校并颁布了师范教育的法规，师范教育开始出现系统化、制度化的特征。师范教育机构在对教师进行文化知识教育的同时，开始注重教师教学方法的培训，开设教育学、心理学课程，对教师进行专门的教育训练。[②] 但是教师专业化并没有形成，对教师的训练仅仅停留在经验的摸索阶段，这种状况一直持续到 20 世纪初。

从 20 世纪二三十年代开始，直到 20 世纪 60 年代，许多国家对教师“量”的急需逐渐被提高教师“质”的需求所代替，对教师素质的关注达到了前所未有的程度。1966 年国际劳工组织和联合国教科文组织的《关于教师地位的建议》，界定了教师

① 刘微：《我国教师专业化的现状》，见 http：//cur. cersp. Com/（访问时间 2010 - 11 - 28，12：28）.

② 刘微：《教师专业化：世界教师教育发展的潮流》，见 http：//www. edu. cn/（访问时间 2011 - 11 - 25，10：25）.

专业特点，“教师工作应被视为一种专门职业（Teaching should be regarded as a profession），它要求具备经过严格而持续不断的研究才能获得并维持专业知识与专门技能的公共业务；它要求对所辖学生的教育与福利拥有个人的及共同的责任感”。[①] 从20世纪80年代开始，对教师专业化探讨达到了空前的高度，形成了世界性的潮流，力求教师职业具有像医生、律师一样的专业不可替代性。这就要求教师的培养培训机构，要求国家的教师管理保障制度，都实现相应的重大变革。这一时期，美国、日本等国纷纷出台了报告或文件，从理论上肯定教师职业的专门化。如1986年，美国的卡内基工作小组、霍姆斯小组相继发表《国家为培养21世纪的教师作准备》（1985年）、《明天之教师》（1986年）两个重要报告，[②] 同时提出以教师的专业性作为教师教育改革和教师职业发展的目标。

在教师专业化的进程中，从追求教师职业的专业地位和权利到重心转向教师的专业发展，理论界定与实践论证不应截然分开。现代教师职业是一种要求从业者具有较高的专业知识、技能和修养的专业。从目前教师专业化发展的程度来看教师职业离成熟专业的标准还有一定差距，教师职业仍是一个“形成中的专业”，教师专业化是一个不断深化的历程，有待实践的检验与论证。

---

① *Recommendation concerning the status of teaching*. At：http：// 218. 17. 222. 243/（accessed 15：48，26/11/2005.）.

② 上海师范大学未来教师论坛，见 http：//jkxy. shnu. edu. cn /（访问时间：2011－1－5，11：28）.

## 三　教师专业化的意义与作用

教师专业化是教育界孜孜以求的目标，也是自有教师职业起就一直努力的方向，在迈向教师专业化的道路上，无数教育界人士进行了不懈的探索，取得了巨大的成绩，也向世人展示了教师专业化的内在魅力，体现了教师专业化的意义和作用。

其一，加速教师个人成长。教师承担着教书育人、培养未来国家建设者、提高民族素质的使命，这要求教师具有很高的素质和较全面的专业知识、教学业务知识。社会的进步、科技的发展以及知识经济时代的到来，不但对教育提出了更高的要求，对教师自身也提出了要求，迫使教师不断学习，加强自身的修养，调整知识结构，以适应社会的变化。教师专业化给教师个体和群体发展提供了基础。教师的发展也是作为社会职业人的教师从接受师范教育的学生，到初任教师，到有经验的教师，到教育专家的持续发展过程。教师发展的中心是教师的专业成长。这种专业成长是一个终身学习过程，是一个教师的职业理想、职业道德、职业情感、社会责任感不断成熟，不断反思自身行为、不断创新、不断提升的过程。

其二，促进教师职业发展的广度和深度。教师专业化对教师这一职业的促进可以体现在以下几个方面：第一，教师职前培养更加系统化和专门化，以适应社会对不同层次教师的需要；第二，教师任用制度化。通过专门的机构根据一定的规范和程序进行，使教师职业的准入更加适应社会的需要；第三，教师培训专业化。不仅有专业的师资培训队伍，专门的师资培训机构，还有对教师培养和培训机构进行专业化的认可和评估；第四，教师群体职业道德规范的形成和稳定发展。专业化的另一个含义就是群体的价值观的形成。[①] 总而言之，教师的专业化与教师教育的高质量需求是联系在一起的，并因此促进教师职业的发展。

其三，改善教师地位。在教师中心、师道尊严的背后，掩盖着的常常是对教师地位的漠视或遗忘。不仅传统的理解总是把学校仅仅作为学生发展的场所，甚至在许多重要的教育改革的理论和运动中，在强调学生的发展、学生的主体地位时，也没有关注到教师地位的问题。教师专业化发展，实质上反映了整个教师培养和管理模式的变化和转型。它包含了教师和学生之间关系的变化，体现了教师与教育管理机构之间关系的变革，隐含着教师地位的变化。

## 第二节　问题与差距：我国教师专业化的现状

我国早在20世纪30年代就对教师职业展开过讨论，当时就有人明确提出，教师不仅是一种职业，并且是一种专业，性质与医生、律师、工程师相似。从历史上看，在我国教育发展的过程中，教师经历了从兼职到专职再到成为一种行业，逐步形成了它的专业化特征。从制度层面上看，关于教师职业的性质，我国已经在有关的法规中做了明确的规定，为推进教师专业化提供了基本的制度保证。1993年颁布的《中华人民共和国教师法》明确规定："教师是履行教育教学职责的专业人员。"

① 陈永明：《教师教育研究》，华东师范大学出版社2002年版，第98—99页。

这是第一次从国家意志的层面规定了我国教师职业的专业性质和教师的专业地位，肯定了教师职业的不可替代性。1995 年 12 月国务院颁布了《教师资格条例》，建立了教师资格证书制度。2000 年教育部颁布《〈教师资格条例〉实施办法》，教师资格制度在全国开始全面实施。2000 年，我国出版的第一部对职业进行科学分类的《中华人民共和国职业分类大典》，首次将我国职业归并为八大类，教师属于“专业技术人员”一类。从 2001 年 4 月 1 日起，国家首次开始全面实施教师资格认定工作。教师资格认定工作进入了实际操作阶段，这标志着我国推进教师专业化的实践在不断深化。[①] 但与发达国家相比，尚有不少差距，至今我国中小学教师的专业化水平还不高，对教师是不可替代的专门职业仍未形成全社会的共识。

## 一　专业意识缺乏

虽然我国教师职业的专业性质和专业地位得到了教育理论界的充分肯定以及国家法律的确认，且中小学教师的整体素质和水平不断提高，但对教师这一职业的专业性普遍认识不够，具体表现在我国教师地位、教师待遇与其他国家相比，存在着很大的差距，教师职业准入门槛较低。在高考填报志愿时，仅有少部分的学生是因为喜欢而选择师范专业的；即使是受过四年师范教育的师范毕业生，很大一部分也并没有把教师职业当成不可替代的专业来看待。

---

① 李宝峰：《教师专业化的现状与对策》，《信阳师范学院学报（哲学社会科学版）》2004 年第 2 期。

## 二　专业发展基点偏差

教师专业化的基点是指教师能够作为一门专业所具有的不可代替性的支撑点与立足点。[①] 目前教师专业发展的基点放在了教师专业知识上，而对教师实践能力的要求，无论是职前教育，还是职后培训，都处于弱势地位。如果只将学科知识确定为教师专业化的基点，会使得教师专业被替代的现象成为可能。我国教师教育长期偏重强调教师所教专业学科知识的纵深发展，教师专业水平并没有达到或赶超其他成熟专业，大部分教师的理论与实践难以有效整合，在从教数年后即表现出职业知识和能力的僵化。

## 三　专业发展基础薄弱

这主要表现在学历层次低、知识基础欠缺和非专业兼课现象严重。目前我国教师队伍的知识层次和学历起点普遍低于世界其他发达国家，由于种种历史和现实的原因，我国中小学教师学历层次较低，对教师职业从业资格要求也不高。截至 2000 年，我国 586 万小学教师具有大专以上学历的只有 20. 4%；324. 9 万初中教师本科以上学历的只有 14. 18%；而在 75. 68 万高中教师中学历合格的教师只有 68. 43%。[②] 而且目前我国教师的知识结构中，能够与时代精神相通，体现未来教师创造性和专业性的知识和技能明显不足，教育理论方面的知识更新慢。

---

① 马晓燕：《我国教师专业化的现状及对策》，《山东理工大学学报（社会科学版）》2005 年第 6 期。

② 谢维和：《我国教师培养模式的制度改革——兼评当前高等师范院校的改革与转型》，《中国教育报》2002 年 3 月 2 日。

我国教师队伍的专业知识与社会和工作对一个专业人员的要求之间还有一定距离。

教师专业化既是国际教师教育改革的基本趋势，也是当前我国教育改革中面临的一个具有重大理论和实践意义的课题。我国在教师专业化建设方面进行了许多成功的尝试，取得了一定的成绩，在实践中也积累了一定的经验。但与西方发达国家相比，目前我国教师专业化的程度较低，专业化素质不高，专业化发展还处在起步阶段。原因是多方面的，具体说来，有以下两个方面的主要原因。

其一，高师院校转型本身所带来的冲击。高师院校转型带来的冲击，主要体现在以下几个方面：一方面，原来独立设置的高师院校争相“综合化”，但是相当一部分并没有充分地进行大学化的条件和准备，无论观念上、体制上，还是办学条件、师资队伍、管理模式等各方面都显得欠缺，反而丢掉了原有的优势与特色——“师范”，而“学术”也没有得到加强，教师专业化无从谈起；另一方面，许多学校在升格以后忘了老本，朝综合性大学看齐，照搬其他综合性院校的培养计划和培养目标，不考虑自身的传统、条件和特色等等，培养质量堪忧，且新升格的本科院校生源质量偏低。

其二，管理体制不健全。无论是职前教育还是职后培训，以及教师任用、激励制度等都存在种种弊端。教师教育体系的不规范开放，使原本专业性不强的教师行业的专业性更加淡化。尽管我国从 1995 年开始施行了教师资格证书制度，但这种制度并没有在实践中得到很好的落实，无证上岗的情况仍然非常普遍。而且现行的教师资格证书制度极不完善，甚至有没有教师资格证书都可以做教师，可以说，政府部门对教师教育的管理比以往师范院校独立设置时要乏力得多，几乎形成了管理上的空当。教师教育似乎不再作为一项独立的事业进入管理者的视域，教师专业化也被迫停留在理论层面。①

## 第三节 教师专业化：转型期高师院校的培养目标选择

从“师范教育”到“教师教育”，我国传统师范教育正一步步走向成熟。从某种意义上说，正是师范教育的转型导致了师范院校必须转型。在这一过程中，不仅有来自国际竞争和知识发展提速对我国高等师范院校专业和课程设置提出的挑战以及发达国家高等师范教育的改革对我国高师教育的挑战，同时还有来自当前我国进行的基础教育全面改革对高等师范院校转型提出的挑战，面对挑战，转型期的师范院校应当如何发展，这是教师教育发展迫切需要解决的一个问题。

教师专业化应成为师范院校转型后培养目标的价值导向，现在不少国家的法律都把教师作为一种专业对待，如我国的《教师法》就规定：教师是从事教育教学工作的专业技术人员，这表明国家要求对教师实施专业化教育。这种专业化对教师职业的发展，教师队伍的建设是有很大帮助的，因此教师教育就是把教师训练成为从事教育活动的专业人员。这不仅要求教师掌握所教学科的知识，同时还要求教师掌握作为教师的专业知

① 谢冬平、马会梅：《教师培养过程中“对象范本化”与“个性培养”的平衡策略》，《红河学院学报》2009 年第 6 期。

识。以此为基点，我国高师的培养模式改革应以培养教师的专业化水准为出发点，以教师的专业发展为最终目标。

## 一　一体化规划教师教育，推进继续教育的专业化

教育部在《关于“十五”期间教师教育改革与发展的意见》中指出：“教师教育是在终身教育思想指导下，按照教师专业发展的不同阶段，对教师的职前培养、入职教育和在职培训的统称。”可见，在未来的教师培养体系中，必须给教师创造一个不断发展的空间，这也是与当前终身教育的理念相符的。教师的专业发展贯穿于职前培养与职后进修的全过程，一体化是教师专业发展的必然要求。

把教师专业化作为教师培训的出发点和归宿，是终身教育思想在教师教育领域的体现，是教师教育一体化的必然要求。其一，教师继续教育的重点应从学历教育转向非学历教育，切实发展教师的实践性反思能力，提高继续教育的质量；其二，形式应灵活多样，注意调动教师参加在职培训的积极性，使教师在职培训朝着能够随时随地在每个教师所需的时刻、以最好的方式提供必要的知识和技能这一目标迈进；其三，建立适当的教师继续教育评价体系。摒弃以考试为主要方法的评价体系；其四，重视“校本培训”在教师继续教育中的重要地位。教师校本培训于20世纪70年代中期，最先在英、美等国产生。我国应重视学校在教师在职培训及教师专业发展过程中的作用，逐渐形成以中小学校为中心、教育行政部门和大学共同参与的教师在职培训模式；其五，进一步深化大学与中小学的伙伴关系。教师继续教育应该着力于把大学的课堂向有伙伴关系的学

校延伸，为大学教师提供传播理论的机会，为师范生提供见习、实习的机会，也为中小学教师提供进修的便利。①

## 二 改革教师教育管理体制

高等教育的管理体制是指高等教育系统内部的领导分工、机构设置、隶属关系、管理权限和管理内容以及与之相适应的各种制度、法令、法规、规定等的构成状态及作用方式。② 从建国到21世纪初，我国师范教育管理体制发生了许多变化，每一个阶段的变化都与当时的政治气候密切相关，都对我国教师教育的发展产生了重要的影响。为我国教育事业的发展作出了不可磨灭的贡献，但传统师范教育管理体制毕竟是计划经济时代的产物，在我国经济由计划经济向市场经济的历史性渐变中，在政府职能的转变中，在整个社会的改革浪潮中，传统师范教育管理体制将何去何从。

我国的师范教育历经百年的发展，在管理过程中形成了很多宝贵的经验，如管理体系的完备，管理制度相对比较健全等等，但是其造成的问题也是很多的，这些问题有些是共性的，其他高校也面临同样的问题，如办学自主权的缺乏，强调以行政手段为主的人治方式等，还有些问题是在转型过程中才产生的，如师范院校的办学定位问题等。

独立、定向的师范教育，在政策的保护下，缺少竞争，长期在自我封闭、分离分割的、狭窄的系统内对师范生进行培养

① 《教师专业化：我们应该做些什么》，见 http：//xfedu6. vicp. net/（访问时间：2010－1－25，11：23）.

② 潘懋元等：《高等教育学》，福建教育出版社1995年版。

训练、教育教学、教育实践、定向分配，接受继续教育、再任职、再受教育……如此往复循环，师范教育本已存在学科基础薄弱、学术水平低、办学条件差等缺点，又徘徊于学术性与师范性的争论之间，也很少与其他高教领域、社会领域等外界沟通、联系和结合，造成培养的教师眼界闭塞，思维狭窄，基础薄弱，适应能力差，类型单一。现在基础教育进行全面改革，对教师素质的要求也越来越高，这样的师资明显不符合基础教育发展的要求。

教师教育管理体制对教师教育体系的运行至关重要，它是教师教育体系的核心制度体系，规定了教师教育体系的有关部门的管理权限和职能范围。在市场经济新的形势下，面对政府的改革、高等教育的发展，如果不及时对教师教育管理体制进行调整，不把各部门之间的权职协调好，势必会造成教师教育管理混乱，职能不清，推诿扯皮，进而影响教师教育的健康发展。

我国传统师范教育的管理体制是“统一领导、分级管理、分级负责”，这种管理体制是适应过去那种定向、封闭型师范教育体制的，在这种管理体制下，师范教育可以充分调动各类资源，而且可以在国家政府的扶持下，在一定程度上保护并促进师范教育的发展，这种体制对当时的师范教育的发展，乃至整个教育事业的发展都起过重要作用。但是，随着我国师范教育体制由封闭型向开放型转变，新的多元、开放的教师教育体制形成后，这种管理体制显然已不适应新的教师教育体制，市场的调节作用，中介机构的发展和介入，高等教育类型的完善，都在不同程度上冲击着传统的师范教育管理体制，因此必须进行调整或重新构建新的管理体制，以保证教师教育健康、有序、高质量地发展。不仅在理顺中央、地方和学校的关系，而且也因明晰转型后师范院校的定位。

教师教育是一个多样化开放性的培养体系，这就决定了教师教育微观管理体制具有多样性和复杂性，主要有独立设置的高师院校的管理体制，由师范院校转型而来的综合性大学的管理体制，参与教师教育的综合性大学的管理体制。具体说来：

其一，原有独立设置的高师院校的管理体制在保持“师范特色”的前提下，可参照其他本科院校管理体制的改革进行变革。

其二，相对独立的教师教育实体模式

这种模式主要存在于由师范院校转型而来的综合性大学，这类高校采取定向型的教师教育培养模式，即在大学内办师范学院进行教师教育，基本上保持了相对完整的教师教育办学实体，整个运行方式非常类似于独立建制的师范学院。这种模式有其优点，既保持了教师教育实体的相对完整与独立，又能为教师教育营造培养人才的“大校园环境”与“小校园环境”。师范学院处于综合性大学的大校园环境中，客观上会受到综合性大学科研气氛浓厚，强调发展变革，注重探索创造等特点的影响，有利于师范生创造精神的形成；另外，在师范学院这个小校园环境中，营造了一个独特、浓郁的教师教育氛围，有利于师范生教师素质的养成，确保教师教育的专业化水平。但是，这种模式存在着三个突出的问题：首先没能从体制上打破封闭性办学的现状；其次专业重复设置；再次师范学院几乎独立承担了教师教育的全部工作，但又没有法人地位，对教师教育工作力不从心，会进一步削弱教师教育在综合性大学中的地位。所以，这只能是一种过渡性的模式，比较适用于刚由师范院校转型而来的综合性大学，终究会向开放的教师教育模式发展。

其三，开放的教师教育模式

这种模式适合由师范院校转型而来的综合性大学和参与教师教育的综合性大学。这类高校举办教师教育采取的是“3＋1”培养模式、“4＋1”培养模式或“4＋2”培养模式的非定向型培养模式，由于其培养目标和任务的多重性，与相对完整的教师教育实体模式发展不同，教师教育将面临许多新的挑战。在此类大学内部，教师教育与其他教育一样，都属于大学教育的一个组成部分，他们的发展同样都要受到大学总体发展目标和发展方向的制约，教师教育在大学内优先发展的地位面临着挑战。无论是通过实质性合并或自身的发展成为真正的综合性大学，高校都要经历校内管理体制的改革和组织结构的调整，原有的师范专业都要参与综合性大学学科结构和专业设置的统筹规划与优化组合。原来长期形成的教师教育氛围受到合并后的大学校园文化的挑战，高师院校综合化或合并后，需要创设新的校园文化，必然要融合各院校的文化传统，教师教育的文化精神能否在综合性大学内继续保持下去值得怀疑。因此，在这类高等学校中必须明确教师教育的管理机构，具体负责本校教师教育的教学等各项工作，以保证教师教育能健康、有序地发展。

## 三　提高高师院校师资队伍专业化水平

教师是实施专业化的主体，教师个体对专业化所倾注的积极性、主动性，是能否使教师专业化取得良好效果的关键性因素。作为教师专业化理论内涵的重要组成部分，师资队伍建设是关键，提高教师队伍质量是高等师范院校生存与发展的立足点。因而，要积极建立专业技术职务和年龄结构合理的专业教师梯队，把加强中青年教师队伍建设放在重要位置，有计划、有目的地培训中青年教师，并鼓励优秀骨干教师到国外进修学习，以尽快形成一支具有高尚师德、优良教风、敬业精神、高度的责任心的教师队伍。与此同时，还应加强与中小学的合作，只有在与基础教育的互动过程中，高师院校师资队伍专业化水平才能得到切实提高。长期以来，我国高师院校始终处于一种相对封闭的状态，在提升高校师资队伍教学、科研水平时，更多的是从高校的建设与实际状况出发，而极少考虑高师院校的立足之基——基础教育，这对高师院校的发展是极为不利的。在强调产学研融合的今天，高师院校只有打开大门，加强与基础教育的交流，高师院校才有真正的明天。

## 四　重视教育硕士学位建设

要提高我国教师的专业化水平，人才培养模式的改革，学历层次的整体提升也是一个重要内容。目前，虽然各师范院校都在不同程度地对教师教育进行改革，并取得了一定成效和经验，但实践表明，在现有的培养模式下，不管师范院校如何调整与改革，总是顾此失彼，不能从根本上化解师范性和学术性的矛盾。因此，教师教育必须进行培养模式创新，逐步建立“大学＋师范”，而不是“大学－师范”的培养模式，使专业教育与教师养成教育分离，前者在各系各专业进行，后者在教育学院完成，即实行“4+X”模式（X的目标就是教育硕士学位层次以上的建设）。这既与基础教育对中小学教师提出的新要求、新期盼相适应，也与各行各业对人才需求的高学历化趋势相呼应。

## 五　健全教师教育法律法规体系

20世纪90年代，关注教师专业地位，促进教师的发展，改善教师的专业教育，引起了我国教育界的普遍关注。1993年10月31日，中华人民共和国第八届全国人大常务委员会第四次会议审议通过了《中华人民共和国教师法》（简称《教师法》），在我国历史上第一次以法律的形式确定了教师的地位与作用，可以说是新中国第一个有关师范教育的法律。[①]《教师法》主要规定了教师的权利和义务，明确了各级政府对提高教师素质、加强教师培养和培训方面的职责。同时，该法也直接对师范教育作了一些重要规定：各级人民政府和有关部门应当办好师范教育，鼓励优秀青年进入各级师范学校学习；各级师范学校学生享受专业奖学金；取得中小学教师资格应当具备相应的师范学校毕业学历；各级师范学校毕业生应当从事教育教学工作等。这些规定已经涉及师范教育发展的一些根本性问题，对师范教育的发展起着关键的作用。以后我国又逐渐颁布了《教师资格条例》（1995年）、《〈教师资格条例〉实施办法》（2000年）等与师范教育相关的一些法律法规，同时，各省市也发布了实施《教师法》的配套地方法规，初步构成了师范教育法律法规

① 顾明远：《2004：中国教育发展报告——变革中的教师与教师教育》，北京师范大学出版社2004年版，第181页。

的基本内容，为师范教育的发展奠定了法律法规的保障保障。

现代化的教师教育需要有与时俱进的法律法规的制度保障，但在新的历史条件下，仅有的《教师法》、《教师资格条例》、《〈教师资格条例〉实施办法》等几个法律法规仍是以传统的师范教育体系为基础制定的，并不适宜解决目前教师教育面临的问题。在实际操作过程中，教师教育遇到经费不足、办学困难、教育质量下降、教师资格的认定和资格授予仍然很不规范和严格等种种问题，这都应当从市场、政府、教师教育机构、接受教师教育的公民等多重角度考量，制定和颁布专门的教师教育法律、法规，来规范教师教育的性质、任务、地位、经费来源、办学条件、教育层次规格和质量标准、教师资格制度等重大问题，进一步从法律法规层面上保障教师教育的健康发展。其基本目标是构成一个“市场介入、政府调控、学校自主、学生参与”的良性互动的教师教育运行机制，在规范政府与教师教育机构关系的同时，重构教师教育内部行为主体的关系。

“教师教育”是开放式教育。教师专业化是教师教育和高师院校改革的方向和趋势，这既是现代社会条件下加强教师的专业发展、提高教师队伍素质的要求，也是提高教师社会地位的需要。把“教师教育”作为专业教育，就可以把教师教育看作是其他专业并列的教育，比如法律专业教育、计算机专业教育等等，不仅仅可以运用独立封闭的体制来发展，而且可以用开放的体制来发展，将教师教育纳入到整个高等教育体系作为高等教育的一部分，这就拓宽了教师教育的渠道。从各国教师专业化的实践来看，由于对教师专业化的认识不同、教师职业准入标准的不同，教师的专业化往往与教师地位的提高相联系等因素的影响，教师专业化表现出明显的动态性特征。因此，教师专业化的实现，既需要科学的理念支撑，也需要国家、学校、教师乃至全社会的广泛参与，更需要相应的制度保障。

# 第五章

# 教师专业发展体系的构建

“教师教育”的内涵丰富，在内容上包括人文科学教育、学科教育、专业教育和教学实践；从顺序来看有职前教育和在职教育；从形式来看有正规的大学教育和非正规的校本教师教育；从层次来看有专科、本科和研究生教育。教师教育“包含教学职业的职前、试用和在职等层次。每一层次依次又有一些构成要素。职前层次的内容包括人文学科和科学的一般教育、所教学科领域的专门教育以及指导专业实践学科的专业教育（例如教育心理学）和教育学的专业教育，以及学校情景中的大部分实践。职前教师教育还包括对进入该专业的候选人进行评价，通过评价，由国家机构对合格毕业生颁发资格证书。最近的研究报告明确把新教师的试用期作为教师教育的一个关键阶段，鼓励在这一层次上开展对新教师的帮助及对其的评价活动。在职教师教育主要是由工作现场、研讨会议、正规课程、质询服务等组成的，这样就可以保证和发展教师的实践技能。”① 可以说，教师教育是职前培养和在职进修的统一，是正规教育和非正规教育的结合，是多层次、全方位立体式的教师终身“大”

---

① W. Robert Houston and Martin Haberman and John Sikula（1990）：*Handbook of Research on Teacher Education*. NewYork：Macmillan Publishing Company：3.

教育。[①]

从“师范教育”到“教师教育”是世界范围内教师培养体系改革的一种潮流，标志着教师培养体系全面而深刻的变革，也给我国教师教育改革与发展提出了新的课题。众所周知，随着经济全球化进程的加速，国际间的竞争也愈加剧烈，许多国家将教育放到了国家综合竞争力发展的战略位置上。百年大计，教育为本；教育大计，教师为本。加快教师教育改革与发展，提高教师队伍整体素质，是我国教育改革发展成败兴衰之命脉，是提高国民整体素质之前提。因而各国对教育和教师教育也愈加重视。

20 世纪 80 年代以后，世界主要的发达国家掀起了教育改革的浪潮。美国在 1983 年发表了《国家在危险中：教育改革势在必行》的报告后，从 1996 年到 2000 年短短五年时间就出台了 20 多份有关于教师教育改革的文件，教师教育成为美国教育发展乃至提升国家综合竞争力的中心议题。联合国教科文组织也在 2003 年发表报告《欧洲高等教育中教师教育的制度方法：当前模式与新的发展》，对 14 个欧洲国家的教师教育进行比较分析，并评估其发展和影响。可以说，教师教育已经成为国际社会最关注的话题之一。

在我国，教师教育的改革与发展同样是教育改革的一个热点。20 世纪 80 年代以来，我国正值政治、经济、文化急剧变革的时代，教育也进入了一个发展的新阶段。国家采取立法、政

① 人民教育出版社教师教育课题组：《教师专业化：新世纪教师教育的理念与改革对策——关于深化教师教育体制改革全面推进教师专业化的初步探索》，见 http://chat.pep.com.cn/（访问时间：2012－4－8，11：32）.

策扶持、增加投入等多种措施发展教育。世纪之交，随着国际国内形势的发展，我国政府制定了一系列发展教育的策略，把教育放在优先发展的战略地位，教育改革不断深化，教师教育系统正面临着全方位的嬗变。从教师教育的理念、管理体制、培养目标、课程设置到管理评价都发生了深刻的变革。教师教育的发展趋势，对高师院校的人才培养工作提出了新的要求和严峻的挑战，教师教育任务的主要承担者——高师院校也在变革中不断发展。

20 世纪 90 年代以来，随着国家就业政策的调整和高等教育大众化的来临，高师院校传统的生存空间被无情打破，其办学定位、培养目标、人才规格、培养模式受到无情的质疑。高师院校的转型势在必行。原来独立设置的高师院校纷纷寻求新的教育市场和生存空间。1998 年，国务院机构改革后，高等教育的布局结构也作了重大的调整。此后的几年中，部分高师院校通过“联合、共建、合并、划转”与其他院校合并成为多科性或综合性大学，原来独立设置的师范专科学校则争相升格为多科性学院。一时间，高师教育体系内充斥着一股躁动不安的气氛。1999 年，《中共中央国务院关于深化教育改革全面推进素质教育的决定》明确提出：鼓励综合性高等学校和非师范类高等学校参与中小学教师培养。2001 年 5 月颁布的《国务院关于基础教育改革与发展的决定》又提出：“完善以现有师范院校为主体、其他高校共同参与、培养与培训相衔接的开放的教师教育体系。”实质上，这是从政策上使教师教育面向高校全开放，在教师教育行业引入市场机制和竞争机制。至此，原来独立、封闭、定向的师范教育体系，正逐步向以师范院校为主、非师范院校广泛参与，具有开放性、多样性、终身性的教师教育体系转变。但高师院校的转型本质上并非高师院校自身创造性的超前发展，而是迫于形势的需要，为了求生存而作出的无奈选择，这种选择的过程是被动的、甚至是痛苦的。同时，由于高师院校在转型过程中出现了盲目性、趋利性，在转型后可能对教师教育乃至整个教育系统会带来什么样的影响缺乏必要的、全面的思考。事实上，高师院校的转型有相当一部分是学校的个体行为、市场行为、自发行为、逐利行为，甚至是盲目行为。如何构建教师教育一体化的新体系，满足教师终身学习、终身发展的客观要求，就成为高师院校教育教学改革的一项重要任务。这不仅仅是概念上的一种变化，而是从形式到内容再到办学模式的变化和提高。

“教育第一，师范为先”，从 1897 年南洋公学内设师范馆至今，我国的师范教育已历经百年的沧桑，为中国的社会主义建设作出了杰出贡献，它肩负着为基础教育培养师资的重任，因而高师院校培养的学生质量如何，直接关系到我国基础教育的质量，关系到我国加入 WTO 后社会的发展。在现代化过程中，经济的发展已经和正在引起社会结构、生活方式、行为方式和价值观念等的变化，教育必须与之相适应。自 20 世纪 60 年代末提出终身教育思想以来，经过 40 年的发展，今天已不再是其思想观念的确立，而是必须实实在在地去研究和构建一个合理的、可持续发展的有效机制，以确保终身教育的实施。进入 21 世纪，随着国际化程度的加强、科学技术的发展和终身教育的大规模推广，教师教育呈现出多元化、高学历化、专业化和一体化的发展趋势。在这样的一个历史背景下，为使新世纪的教师教育重新获得持续发展的生机和活力，提出对教师培养形态转型与机制转型从而实现教师专业化的研究，其意义已不能为“重大、深远”所能概括。改革是机遇，也是挑战。我们必须清醒地认识这一变革的实质。

## 第一节　教师专业发展体系之一——专业知识的建构

高等师范院校转型后，一方面要朝多科性综合性发展，另一方面要将原来的师范教育转变为教师教育，继续为教育事业培养合格、优秀的教育者。那么，转型后的高等师范院校如何正常运转，如何继续为教育培养合格的教师，这是相关的教育部门以及学校管理者必须面对和思考的问题。科学、合理的课程设置是高等院校正常运转的核心动力。高等师范院校转型后，学校原来的师范教育的课程体系已不能适应现代教师的培养需要，原有的体系被无情地打破，必须在原来的基础上重新构建教师教育的课程体系，以保证学校转型后健康、稳定、持续发展。

### 一　教师教育课程体系构建的总体思路和基本依据

以提高教师专业素质为核心，以教师专业化为导向，坚定不移地为基础教育服务，为教师专业发展奠定坚实的基础。

高师教育类课程和教学内容的改革应体现现代教育理念，反映教育最新研究成果，建构结构合理、内容充实、教材完备、综合性和一体化的教师教育类课程体系；高师教育类课程应充分尊重学生多元化的价值取向的基础上，树立以学生发展为本的教育理念；教育教学内容和教材建设要具有较高的理论水平和学术品位，促进教师专业理论素质和批判性思维能力的养成；设置创新性、研究性、开拓性、综合性、实践性的教育类课程，以提升教师的整体素质和创新能力。

高师教育类课程的建构既应依据教师专业素质进行整体把握，又应充分考虑教师教育改革的要求，同时应顺应基础教育改革的要求，结合基础教育课程结构的调整、课程内容的更新、课程实施的评价等变革，在此基础上也应充分研究教育类课程的性质和定位，转型后的高师教师教育类课程的设置应以促进学科专业知识和教育专业知识的整合为着眼点，掌握扎实的理论知识，具备一定的教学技能和实践能力，为教师的专业发展奠定坚实基础。

## 二 转型后的高师院校教师教育课程体系改革构想

教师作为专业人员，必须具备教师专业素质，要提高教师专业化水平和师范生的职业素养，转型后的高师院校应注重培养高素质的、富有创造性的、学习能力及潜力强的教师教育专业的学生，构建与基础教育改革相适应的教师教育课程体系。

1. 调整教师教育的课程结构

在巩固深化学科专业课程的基础上，教师教育课程应适当增加实践课程的比例，目前我们的教师教育课程注重教育学科课程的理论传授，而忽略了与基础教育的实际状况，这不仅影响到学生学习的积极性，也使得学生的入职适应变得比较艰难；因此，在调整教师教育的课程结构时，可以尝试全程实践模式的构建，加强与基础教育的进一步合作。这一点可以适当借鉴美国的课程模式，必须将必修课、选修课、实践课、活动课、专题性讲座等多种研习方式相结合，而且还必须建立每一种课型的考核的可操作性模式，满足学生多方面发展的需要的同时也使课程的实施落到实处。

2. 改革教师教育的课程内容与教学方法

转型后的高师院校教师教育课程要改变学科本位的传统观念，真正树立“以学生为中心”的教育理念，充分尊重学生多元化的价值取向，注重学生的个性发展、创新精神、实践能力的培养；在这个问题上可以借鉴美国教师教育的课程结构，开设旨在提高学生综合素质的通识课程，包括自然科学、社会科学、人文科学和艺术等各方面课程，拓宽转型后的高师院校教师教育专业的学生的知识面，提高其知识层次，使转型后高师院校教师教育专业的学生素质得以全面发展。同时也要注意的是教育科学课程作为原来师范教育的特色体现，是高师院校教师教育改革的重中之重。尤其要注重教师专业情意的培养，开设教师职业道德课程。

在加强教师基本功与职业技能的基础上，要注重对现代信息技术的运用与开发，开辟现代教学方法研究、现代学习方法研究、网络教学技术、电化教学与运用现代教育信息技术等操作性课程；同时也要结合中小学教育实际状况，开辟一些结合时代热点的并能够切实解决以后工作中可能遇到的实际问题的课程，如班级组织与管理、学生评价、课程评价、教育问题诊断、教学机制等课程，以更好地满足教师专业化对转型后的高师院校教师教育专业的学生教育教学技能技巧的要求，在此基础上，注重开放性课程的设置，结合时代热点来开设专题性课程。

在教育实践环节上，应结合基础教育的实际，为教师教育专业的学生的教育实践提供广阔的活动空间、较长的活动时间和丰富的实践内容，将教育实习整合成一个有明确目的性、系统的、较规范的全程实践模式。

在改革课程内容的同时，要注重教学方法的变革。教学方法变革的取向应以激发师范生的探究能力与研究能力为重点，结合中小学实际，多采用讨论式、对话式以及专题式等模式来进行教学。

3. 建立有效的教师教育课程评价体系

建立教师教育课程体系，必须建立起有效的教师教育评价体系。在程序上应从教师教育目标入手，界定、廓清教师教育的目标，再针对特定的教育目标，制定相应的评价指标体系，制定健全的评价方案，形成评价团队，在此基础上选用恰当的手段获取、记录信息，并对各种信息进行分析整理，可以用最新的统计方法，也可以运用传统的编辑手法，最后综合整理评价结果，提出改进的措施。这样就形成了一个包括计划与编制、组织与实施、评价与调节在内的反复循环、不断更新课程设计过程。在这个过程中，要特别注意对评价结果的反思与总结。评价的最终目的是为了改进，每一次评价并不意味着结束，而是新的工作的起点。这种评价不仅包括对单门课程的评价，也包括对整个课程体系的评价。通过评价，不仅能使课程与社会实际相联系，从而保证教师教育专业课程的质量和实效性，从而促进教师教育培养目标的实现以及能从根本上推动教师专业素质的提高。

总之，教师教育专业课程改革是转型后的高师院校教育改革的关键，并且改革能否成功受到多方面因素的制约。因此，必须从指导思想上明确教师专业化对教师教育专业课程的客观要求，每一位教师都必须重视教育思想观念的更新，从思想意识到课程改革的重要性，在高师课程改革的过程中，既要注意课程教学中新的教学方法和教学手段的应用，也要注意加强教师专业意识，运用现代多媒体技术，建构协调统一、连续的高师课程体系，充分发挥转型后的高等师范院校在提高教师专业化水平和促进教师专业化进程中的重要作用。

## 第二节　教师专业发展体系之二——专业道德的养成

所谓职业道德，就是从业者在职业活动中必须遵循的道德准则和必须具备的道德情操与道德品质的总和。它是职业行为主体出于对职业的热爱和理解所秉持的职业认识、职业情感，以及在从业活动中表现出来的职业行为。[①] 教师职业本质上是一种道德实践活动，其活动对象是一个个鲜活的富有情感的生命个体。加强教师职业道德的培养，不仅有利于促进教师本身的专业发展，同时也有利于融洽师生关系，提高教育教学质量。因为教师的职业活动能够直接影响到学生精神世界的形成，影响到学生的思想道德面貌。学校育人，师德为先。自古以来，

① 朱小蔓：《教育职场：教师的道德成长》，教育科学出版社2004年版，第14页。

对教师的职业道德都有严格的规定和要求。我国古代就有严格的择师制度。据《学记》记载，“君子知至学之难易，而知其美恶，然后能博喻；能博喻，然后能为师；能为师，然后能为长；能为长，然后能为君。故师也者，所以学为君也。是故择师不可不慎也”。《面向 21 世纪教育振兴行动计划》指出，要“大力提高教师队伍的整体素质，特别要加强师德建设”。改革开放以来，我国政府于 1984 年颁布了《中小学教师职业道德要求(试行)》，对中小学教师的职业道德提出了明确的要求。1991 年又颁布了《中小学教师职业道德规范》，对教师的职业道德进一步作出明确的规定。1993 年 10 月 31 日颁布实施的《中华人民共和国教师法》，将教师身份规定为“履行教育教学职责的专业人员”，此中含有对教师职业道德的法律规定。2001 年中共中央颁布《公民道德建设实施纲要》，对于促进教师道德建设也具有十分重要的意义。当代教育的变革迫切地呼唤教师职业道德的培养，特别是 2004 年以来，党和国家提出要进一步加强未成年人思想道德建设，全面加强素质教育，对教师的职业道德提出了更高的要求。“教育不能再限于那种必须吸收的固定内容，而应被视为一种人类的进程，在这一进程中人通过各种经验学会如何表现自己，如何与别人交流，如何探索世界，而且学会如何继续不断地——自始至终地——完善自己。”①

## 一　教师职业道德素养的缺失

“行为世范，为人师表”，是对教师职业道德的高度概括，

① 联合国教科文组织国际教育发展委员会：《学会生存——教育世界的今天和明天》，华东师范大学比较教育研究所译，教育科学出版社 1996 年版。

教师职业道德的实践在教育过程中有着重要的意义与作用。教师自觉地提高自身的道德素养，能够有效地帮助自己增强自我心理调节的能力和水平，升华自己的人格，在面对诸多的困惑和复杂的人际关系中，能够保持一种较高的精神境界。教师道德的重要性不言而喻，但是实践过程中关于教师道德的负面新闻层出不穷，有些事件甚至引发全民性质的大讨论，而其中最有名的就属“范跑跑”事件，在“5·12”汶川大地震发生时，范美忠老师当时在四川省都江堰市光亚学校任教语文学科，地震发生的那一刻，范美忠老师独自跑出了教室，并第一个跑到了学校的足球场。但是很快他意识到他的学生并没有跟着跑出来，他迅速的和其他老师一起组织学生逃生．在这个过程中，没有学生伤亡。其后，他在网络上发布了一篇名为《那一刻地动山摇》的博文，文中有这样的描述：“我是一个追求自由和公正的人，却不是先人后己勇于牺牲自我的人！在这种生死抉择的瞬间，只有为了我的女儿我才可能考虑牺牲自我，其他的人，哪怕是我的母亲，在这种情况下我也不会管的！”此外，文中还详细描述了自己在地震时所做的一切以及其后的心路历程。一石激起千层浪，范美忠老师的言行立刻引起了网络和诸多媒体的讨论大潮，更有网友送其名号“范跑跑”，其中有贬损也有赞同。但当一切尘埃落定，我们却发现这不是一个单纯的“范跑跑事件”，我们谁也没有身临其境，所以对其行为没有办法做出孰是孰非的评价，但是它却折射出当代教师群体中有许多人职业道德素养方面存在不同程度的缺失，表现在：关爱学生、爱岗敬业等多方面。而造成这些缺失的原因是多方面的，主要表现在以下几个方面：

（一）市场经济的发展对教师职业道德的挑战

长期以来，教师被尊称为人类灵魂的工程师，教师职业被赞誉为太阳底下最光辉的职业。然而受社会生产力发展水平的制约，政府对教育投入明显不足，我国的教育行业从其他途径取得的经济支持也是非常少的，因而教师的工作条件和生活待遇等各方面仍较差，教师的待遇相对偏低。实行改革开放特别是实行社会主义市场经济以来，教育受到市场经济的冲击。在教师待遇相对较低的情况下，有的教师和高校经不住商品经济的挑战和物质利益的诱惑，把商品经济中的等价交换原则搬到了教育工作中，运用到学校办学以及学校内外关系的调节上，形成一种一切向钱看的不良风气。很多教师无法安心于学校的常规教学工作，也无法尝试坐“冷板凳”，潜心于科学研究。一部分教师的这种心态，不但导致了教师与学生、教师与领导、教师与家长之间人际交往中以金钱、利益为中介等不良现象，导致许多社会矛盾的出现，也损坏了某些学校和教育工作的声誉，降低了教育者的威信。同时在部分学校管理上，也出现乱收费、高收费，对教师和学生的评价重视“量”的评价，而忽视了“质”的评价。这形成了恶性循环，教育者的社会声望和地位不断降低，低落的社会地位严重地伤害了教师的感情，不少优秀教师离开了自己心爱的教育行业。除了有形的人才流失外，还存在着令人担忧的隐性流失，特别是教师敬业精神的流失，由此，社会对教师职业道德的拷问也越来越多。

（二）教师道德培养过程中只重道德理论的建设，忽视了道德信念的养成

目前很多高校对人才的培养是“理论指向型”的，首先形

成理论概括，再试图用这些理论指导实践，这在德育中也不例外。在课堂中，讲授德育理论、分析德育案例，进行德育事迹的电化教学是德育常用的方法，每个学生在讲述人生观、价值观都头头是道，但在实践中却和德育的先进性理论南辕北辙。在这个过程中，我们忽视了德育建设的重要一环，即从“道德理论”或者说“道德课堂”到“道德实践”过程中还有一个最重要的中介，那就是“道德信仰”。只有把理论真正内化到学生的心里，形成学生的“道德信仰”，才可能让“道德理论”变成一种“道德自觉”。

（三）缺乏教师道德考核机制，教师缺乏道德实践的自觉

教育部部长袁贵仁说，“办好人民满意的教育，迫切要求大力提高教师队伍整体素质，造就一批教育家。”目前，对教师的考核，主要集中在教学水平的考核上，对于高校教师而言，教师的考核主要是教学与科研水平的考核，而人才培养、社会服务都被转化成教学、科研的定量考核。这造成的直接结果是教师成为“道德实践的懒汉”，很多教师认为，只要让学生考上大学，顺利的毕业，找到一份好的工作，就“功德圆满”了。目前在实际操作中缺乏强化师德管理考核为手段以及师德考评制度和师德档案制度，在开展师德考核过程中，并没有将师德表现作为教师年度考核、职务聘任、职称晋升、派出进修和评奖评优等的重要依据，

教师在培养人才中起着主导作用，培养高素质的人才必须有高素质的教师。教师的师德状况如何，不仅反映教师队伍素质的高低，而且影响学校教风、学风、校风建设和教育教学质量的提高。通过内修外炼，经过教师和社会的共同努力，高校

教师的职业道德水平一定会得到更加全面的提升，也能更好地提高高等学校的教育教学质量和整体办学水平。

## 二　教师职业道德的构成

2011年12月23日，教育部、中国教科文卫体工会全国委员会颁布了《高等学校教师职业道德规范》，并就贯彻落实《规范》有关工作发出通知。这是继2008年教育部、中国教科文卫体工会重新修订和印发《中小学教师职业道德规范》之后，首次制定印发《高等学校教师职业道德规范》。本书将从以下几个方面进行说明：

（一）“爱”

“爱”是贯穿整个教师职业道德体系的灵魂，没有了“爱”，所有的师德都无从谈起。教师之爱的内涵十分丰富，在不同的教师身上、不同的教育环境和面对不同的对象，教师之爱表现出不同的含义。归纳起来，教师之爱主要体现为对学生的尊重、对学校和教师岗位的责任以及对党的教育事业的奉献。这种爱主要体现在对学生主体人格的尊重以及教师事业的责任感和奉献精神上。

振兴民族的希望在教育，振兴教育的希望在教师。教师队伍是我国教育事业改革与发展的主导力量和决定性因素。要办好教育，必须全心全意地依靠人民教师，必须坚定不移地建设好教师队伍。在新的时代条件和形势下，要把责任教育放在师德建设的首位。仅做一个传授知识的“经师”是远远不够的，而必须做一个关注学生精神成长、又能成为学生精神成长示范者的“人师”；高尚的师德是成为“人师”的最重要的素质。

人类优秀的文明成果和高尚的道德品质正是经由教师薪火相传，传递给了一辈又一辈的莘莘学子，使民族和人类具有更加美好的未来。

（二）“正”

“学高为师，身正为范”，孔子云：“其身正，不令而行；其身不正，虽令不从。”“正”即教育公正，为人正直，作风正派。“正”是现代教师职业道德的根本要求，是现代教师的职业责任。教师之正可以使学生以公正的心态对待教师。

教师公正作为师德的重要范畴，能在教师内心形成一种公正的价值信念，一种明确的公正的正义要求，能对教师行为公正性的判断、选择、评价和自觉调整起到指导、影响和驱动作用。教师道德体系中不可缺少教育公正，师德建设中不可忽视教育公正。教师在实践活动中应平等对待每一个学生，对每一个学生都树立一种宽容之心。陶行知先生有一句名言，“当心你的冷眼里有牛顿，你的讥笑中有爱迪生”。教师应该“有教无类”，在教师的心灵天平上，每个学生都应是同样重的砝码。当然，教师的这种“正”还体现在对自身治学态度的严谨和自律性上。

（三）“谦”

“谦”是师德的重要内容，它有丰富的内涵。简言之，教师之谦就是要谦虚谨慎，严谨治学，团结协作。待人、求知要谦虚谨慎；治学、教学要严谨人微，一丝不苟；团结协作，要发扬团队精神。

“谦”首先体现在治学上。大教育家孔子就说过：“抑为学之不厌，诲人不倦，则可谓云而已矣。”他的学生子贡解释他的话说："学不厌，智也；教不倦，仁也。仁且智，夫子既圣矣。"其意思是说，孔子的"学不厌""教不倦"体现了优秀教师仁与智两种至高无上的品德。学而不厌、严谨治学是我国教师的传统美德，是处理教师和教学之间相互关系的道德规范。其基本含义是：树立优良学风，刻苦钻研业务，不断学习新知识方法，探索教育教学规律，改进教育教学，提高教育教学和科研水平。严谨治学是教师职业的重要要求。

其次，这个"谦"还体现在和其他教师的协作精神的养成上。叶圣陶先生指出，即使是一个伟大的天才，离开集体也是微不足道、无所作为的。教师，只有置身于集体之中，才能最大限度地发挥聪明才智。现代教育是一种集体协调性很强的职业劳动，教师的工作需要竞争，更需要合作。竞争促进了教育发展的繁荣，为教育增添了活力。但教师又要乐于合作，善于合作。学生的成长和学生素质的全面发展，绝不是一个教师的劳动成果。教师只有善于处理好教师与教师之间，教师与家长及社会积极力量的关系，才能减少教育过程中的内耗，从而形成取向一致的教育力量。教师的劳动才有可能最大限度地提高教育效率，因此，教师的团结协作精神也是当代师德不可或缺的重要内涵之一。

最后，教师的"谦"还表现在对待学生的态度上，"民主、平等、友好、合作"是新时代要求的师生关系，教师应放下"架子"，真正认识"三人行，必有我师焉"，以一种"平等对话"的态度做到"教学相长"。

（四）"诚"

"诚"即诚信，就是要忠诚老实、信守诺言，讲信誉、重信用，履行教师应承担的义务。古代的圣贤哲人把“诚信”作为一项崇高的美德加以颂扬。在当代，“诚信”不但是为师之道的主要内容，也是处世立身的人格保证。古人云，“君子诚之为贵”，“与国人交，止于信”，“君子一言，驷马难追”，成语“一诺千金”就是讲诚信的。教师的劳动是“以人育人”的劳动，它是很复杂、很微妙、很灵活又需要主动性和创造性的劳动。它的社会作用，是通过培养一代又一代的新人，不断开创人类社会的未来。要让学生懂得诚信，遵守诚信，教师必须先做出诚信的榜样。试想如果教师时常说谎，如何教育学生诚实守信；如果教师知错不认，如何教育学生知错认错；如果教师偏袒学生，如何教育学生公平处事；如果教师自私自利，如何教育学生无私奉献。所以，社会对教师的诚信提出了超出常人的要求。我们说，教师要忠诚党的教育事业，教师的忠诚体现在劳动中，教师的忠诚融化在人格里。

古人云：“师者，传道，授业，解惑也。”教师的首要职责便是传道。“道”即做人之“道”。著名教育家陶行知先生说过，教育的首要责任便是“千教万教教人求真，千学万学学做真人”。陶先生说的“真人”，内涵是丰富的，但最根本的便是“诚信”。陶先生在黑暗的社会环境中还高扬“真人”教育理想，我们现在更没有理由动摇进行诚信教育的信心。身为“人类灵魂的工程师”的教师，无论在怎样迷离的尘世，都应是一面诚信大旗。任凭东西南北风，咬住“诚信”不放松，从一点一滴、一朝一夕做起，不作弊、不作假，敢于坚持真理，修正错误，做诚实守信的模范，使学生潜移默化，亲其师，信其道，以自己的诚信去洁净千百学生的心灵。

教师只有保持良好的师德，讲究“言必信、信必果”，成为诚信的模范，使学生通过教师的人格榜样体会到“真”的高尚，“假”的渺小，学生才能“亲其师而信其道”，学会讲诚信的好品德，养成讲诚信的好风气，成为“诚实守信”的一代新人。所以说让学生在校就开始树立诚信意识意义深远，这种教育关键在教师。

在学校，学生具有向师性。对教师尊重、信任甚至崇拜。他们会自觉不自觉地向老师看齐，以老师为榜样。因此，教师要做诚信的使者，处处撒播诚信的种子，时时自重、自省、自警、自励，树立诚信形象，通过自己高尚的言行，引导、感染、熏陶学生。这就是我们常说的：诚信教育绝不只是慷慨激昂的“言教”，要让诚信走进学生的心灵，还须注重“身教”，这就是教师的以身作则。在这样诚信的环境中，学生耳濡目染，天长日久就会对他们的心灵产生震撼，在行动上产生效仿，从而朝着诚信立人、立言、立学、立行的趋势发展。

## 第三节　教师专业发展体系之三——专业能力的提升

关于教师能力结构的研究盛行于20世纪60—70年代。美国的“能力本位师范教育”、“模拟教学”、“微格教学”等都是强调教师教育中发展教师能力的产物。

澳大利亚的一些研究者把教学技巧分为七大类：动力技巧；讲授及交流技巧；提问技巧；小组个人辅导技巧；培养学生思考技巧；评估技巧；课堂管理与纪律。

国内关于教师能力结构的研究比较多。有代表性的有以下几种：

（一）1990 年吉林师范学院教师教育的研究与改革提出的关于“师能”的范畴：学科专业知识和能力；教育专业知识和能力；一般科技文化知识和能力；教师基本功能和职业技能；美育、体育、劳动技术教育知识和能力。

（二）1994 年国家教委师范司颁布了《高等师范学校学生的教师职业技能训练大纲》，其中要求的教师的技能包括：

教学设计技能；应用教学媒体技能；组织、指导学科课外活动的技能；课堂教学技能；教学研究技能。

（三）2001 年教育部师范教育司组织评审、傅道春主编的《教师的成长与发展》一书中把教师的职业能力分为三个部分：

基本认识能力（观察力、记忆力、注意力、想象力、思维力）；教师的教育能力（教育预见能力、教育传导能力、教育过程控制能力、教师的专业扩充能力）；教师的拓展能力（信息处理能力、解决问题能力、创造能力、决策能力）。

（四）2003 年教育部师范教育司组织编写的《教师专业化的理论与实践》一书中把教师的专业技能分为以下四个部分：教师的教学技巧；教师的教学能力；审美能力；信息接受能力。

综观国内外研究机构以及各学者对“教师职业能力”构成的研究，可以看出虽然时代在变化，但对教师职业能力的要求大同小异，可以概括成以下三个方面：教育教学基本理论，教育教学基本技能以及这些理论和技能在实践中应用的能力。虽然对“教师职业能力”的理论探讨总结都比较完善，但在实践中，很多的调查都显示目前教师能力普遍偏低，无论是理论素养，还是实践教学中的“迁移”能力，抑或是创造力，都广受人诟病。因此如何提高教师专业能力，这才是对这一主题研究的出发点和归宿。

## 一 教师专业化背景下教师能力结构体系的重构

因此，教师作为一种专业，要获得相应的社会地位，除了静态的掌握教育所必需的知识、拥有教育能力外，还必须有终身学习的意识与学习能力，自始至终促进自身的专业发展，使教师专业具有不可替代性。因此，在国际教师专业化的大背景下，对教师的能力结构应进行重新界定。

国内有学者对我国中小学教师自认为最欠缺的能力进行了一项调查，见表 5－1。

**表 5－1 我国中小学教师自认为最欠缺的能力（%）①**

| 人际交交往能力 | 多媒体技术运用能力 | 信息吸纳能力 | 教研能力 | 表达能力 | 组织管理能力 | 其他能力 |
|---|---|---|---|---|---|---|
| 24.09 | 21.99 | 21.80 | 19.31 | 3.44 | 2.49 | 6.88 |

从表 5－1 可以看出，教师能力是教师在教育教学活动和不断的学习、研究中形成的，能够促进教师专业发展，最终影响教育活动的成效和质量的各种能力的结合。教师能力是在一般通用能力的基础上，通过合理整合，在教育实践和持续不断的学习中发展起来的，反映教师专业活动要求的能力体系。

① 刘捷：《专业化：挑战 21 世纪的教师》，教育科学出版社 2002 年版。

## （一）教学能力是传授知识和提高学生能力的关键

### 1. 教学设计、监控、评价与反思能力

教学设计、教学监控和教学反思是三位一体的连续的过程，贯穿于整个教学的始终，是教学活动最为关键的环节。对于教师的教和学生的学来说，教学设计、教学监控、教学评价和教学反思有着非同寻常的意义，特别是教学反思的能力对今天的教师有着非比寻常的意义。

整个教师的教学过程不仅仅局限于教学设计与教学实施，还包括一个深入思考的延伸过程。这就是教学反思。教学反思是一个由感性认识上升到理论认识的过程，在教学中起着一种承前启后、不断深化认识的作用。教师的成长仅凭经验是不够的，还必须有一个有效的反思过程，提升自己的教学反思能力，使自己由“经验型”教师上升到“反思型”教师的层次。“一个教师仅仅满足于获得经验而不对经验进行深入思考，那么即使有 20 年的教学经验，也只是一年工作的 20 次重复”。“否定自己是痛苦的，但是有时只有敢于否定自己，才可能超越自己，创造一个崭新的自己”。①

### 2. 有效的表达能力

表达能力是教师从事教育、教学，向学生传授知识、技能的重要工具和必备条件。在“传道、授业、解惑”的任何一个过程中，都离不开表达能力。可以说，任何一门职业对表达能力的要求都没有教师高。因为教育是教师与学生的面对面的双边活动，是通过教师的教与学生的学的过程实现人才的培养。

① 徐世贵：《新课程与教师专业能力的提升》，广西人民出版社 2005 年版。

在教学的过程中，教师的表达肩负着两个方面的重任：一方面，教师要把知识、生活体验、思想通过语言深入浅出地表现出来，以便于学生更有效地学习、引发学生的积极的思考、激发他们的情感、引发他们的情感体验并以此影响他们的思想和行为；另一方面，提高学生的表达能力也是教学的一个重要目标，而教师的语言也直接影响学生的语言的发展，影响他们的倾听能力和表达能力，在教学中要让学生敢于表达、善于表达、乐于表达自己的需求、思想、情感等。因此，在教师的能力体系的构成中，表达能力显得尤为重要。“学者未必为良师”，细究原因，除了有些学者不具备充足的教育知识外，从某种意义上来说，也许存在不善于表达的因素吧，同时在教学过程中，要注意表达的有效性，口头语的精练准确，手势语的精准配合，情感流露的丰沛恰当等等，这都是评判一个教师专业水平的指标。

教师的表达能力包括口头语言与体态语言表达能力、书面表达能力、板书表达能力、情感表达能力等。表达能力，不仅是教师必备的一种教学技能，更是一种修养。因此，教师的表达能力还要求教师不断学习，提高自身的修养，丰富自身的学识。

3. 信息技术运用能力

在网络时代，教师无论作为社会人，还是作为职业角色都应该掌握信息技术并具备一定的信息素养。在《国家基础教育课程改革纲要》中指出：“大力推进信息技术在教学过程中的普遍应用，促进信息技术和学科课程的整合，逐步实现教学内容的呈现方式、学生的学习方式、教师的教学方式和师生互动方式的变革，充分发挥信息技术的优势，为学生的学习和发展提供丰富多彩的教育环境和有利的学习工具。”①教育部在《关于在中小学普及信息技术教育的通知》中也明确指出：“努力推进信息技术与其他学科教学的整合，鼓励在其他学科教学中广泛应用信息技术手段并把信息技术教育融合在其他学科的学习中”；“各地要积极创造条件，逐步实现多媒体教学进入每一间教室，积极探索信息技术教育与其他学科教学的整合，努力培养学生的创新精神和实践能力，促进中小学教学方式的根本性变革。”②教育信息化使教师运用信息技术能力的养成和提升就显得尤为重要。

在当今的知识信息时代，传统的粉笔加黑板的课堂教学显然已经不能适应知识信息时代教育的要求。教师利用多媒体技术，网络平台等媒介把文字、图像、声音等信息有机地结合起来，不仅可以使教学变得形象生动，富有感染力，还有利于调动学生所有的感官功能，激发学生的学习兴趣和学习动机，这不仅有利于学生对知识的理解和记忆，提高教学效率和效果。而且计算机网络技术可以打破时空界限，实现全球范围内教学资源的共享，使教学内容更加丰富，如当下“慕课”的广泛运用就是很好的例证。另外，从教师自身的重要成长来看，教师也应掌握信息技术，以丰富自身的学识、开阔自己的视野、提升自己的能力。

要养成运用信息技术的能力，教师应接受培训，形成良好

① 《国家基础教育课程改革纲要》，见 http://wenku. baidu. com/view/1704d13643323968-011c92fc. html（访问时间：2014 年 4 月 1 日，14：35）.

② 《关于在中小学普及信息技术教育的通知》，见 http://wenku. baidu. com/link? url = pj33LY10aUU6jyoqo3st4BTje5aChL5n5p0nxovpGQR24HeX9xBmG_ zdB2KdgAjbH8zHVJ511EGnhzk-9BuTNPDGqQ7Vtbe7EQ8212ldI0MK（访问时间：2014 年 4 月 1 日，14：35）.

的信息意识；要善于将信息网络上新的知识信息与课本上的知识信息结合起来，不断了解和掌握学科发展的新动向，用新的知识信息开阔学生视野，启迪学生思维；教师必须能熟练地操作计算机、多媒体，将教学软件、网络等信息技术，加以选择与整合，适时地运用到教学中，以达到提高教学质量，最终提高学生素质的目的。

4. 教学创新能力

教师的创新能力、创造力是时代对教师提出的要求。教师要摆脱“教书匠”的身份，就必须有创造性地完成教育教学和科研任务的能力，这种创造不仅仅表现在对教学方法的创新上，也表现在教师知识体系的创新以及高超的管理艺术上。随着时代的发展，教师的创新能力提高到了前所未有的地位，甚至成为了现代教师必备的核心素质。

这不仅是整个国家、民族乃至全人类生存和进步的需要。整个人类的发展史，就是一部创新史。人类社会正是凭借源源不断的创造力，才得以生存和发展。党中央在关于《深化教育改革，全面推进素质教育的决定》中指出：“实施素质教育全面贯彻党的教育方针，以提高国民素质为根本宗旨，以培养学生创新精神和实践能力为重点。”也是适应新课程改革的需要。改革和创新是时代的主题，教育创新是提高教育效率和质量的条件。教师的教学创新能力表明教师不仅善于将教学中的实际问题转化成教学成果，还善于将这些成果创造性运用于多样性的学生与情境中，这也是“创造性教学”的核心部分。

5. 课程资源的开发与教学研究能力

凡是有助于学生全面成长与发展的，能开发与利用的物质的、精神的材料与素材，都是课程资源。课程资源包括课堂教学资源和课外学习资源。既有显性的，也有隐性的；既有文字的和实物的，也有活动的和信息化的，等等。多种多样的资源，为学校和教师因地制宜地开发和利用提供了广阔的天地。

除此以外，教师要对在教学情境中出现的相关问题保持一定的敏感性，并且形成科学研究的意识，这样才能将发生在教学第一线的实际问题转化成教学理论，并最终指导实践。

### （二）审美能力与文化判断力是培养学生健全人格的保证

文化判断力是主体对一定文化现象及其价值进行选择、识别、取舍、整合的高级认识能力，作用于主体文化生活的意识形态层面，包括信仰、道德、科学、艺术、习俗、生活方式、网络联系等。①

教师文化判断力的培养有赖于教师广博的知识，因为教师只有具有广博的知识基础，才能对纷纭复杂的文化进行鉴别，才能分清优劣。所以，教师要多读书，树立正确的价值取向，努力让自己成为一个文化的研究者，这样指导起学生来才能得心应手。培养和拥有正确的文化判断力，在教师专业化的今天是尤为重要的。

审美能力，是指人对于自然美、社会美、科学美和艺术美的感知、欣赏和评断的能力。学科教学作为实施审美教育的一种载体，是与教师的审美能力密切相关的，教师审美能力的高低，决定着审美教育的成败，对培养学生健康高尚的情趣，塑造健全的人格，净化陶冶学生的心灵，树立正确的人生观、世

---

① 俞瑞康：《教育创新视点：文化判断力教育》，《教育导刊》2003 年第 3 期。

界观有极为重要的作用。教师必须具备一定的审美能力，才能肩负起以美育人的神圣使命，才能培养出有高尚人格的高素质人才。教师的审美能力，首先是必须提高其审美水平，充分感受美。其次是增加审美实践，深刻鉴赏美。再次是进行审美设计，善于表达美。

新课程改革凸显了新的教学理念，对教师的审美能力提出了更高的要求。教师通过培养和提升自身的审美能力，不但能够增强教学效果、激发学习热情，全面提高学生素质，而且在提高教师的教学效能感的同时，提升审美品位，提高教师的专业素养，在教师专业化的今天，实现师生的共同发展。

（三）自主学习能力是教师自身专业成长的前提

首先，自主学习的意识与能力是教师生存之本。随着以信息技术为代表的知识经济时代的到来，人们所掌握的知识以每五至七年衰减一半的速度老化，终身学习成为了人们生活必不可少的一部分，成为了人们安身立命之本，学习的价值和功能已经大大增强，不学习，生存就要受到挑战、受到威胁。早在1970年，联合国教科文组织就提出终身教育观念。终身教育、终身学习是当今世界的主流和未来教育发展的方向。要想紧跟时代步伐，不落伍，就必须活到老，学到老。一次性的学校教育早已经不能满足人们更新知识的需要。所以，教师要想作为一个社会人而存在，就必须时刻不停地学习，时时更新自己的知识体系，提高自身的竞争力。而现今，进入互联网时代，信息无处不在，教师在学习过程中不仅要有终身学习意识，还要有能利用一切手段和工具自主学习的能力。

只有每位教师都必须具备自我发展、自身完善的能力，不断地提高自我素质，不断地接受新的知识和新的技术，不断更新自己的教育观念、专业知识和能力结构，以使自己的教育观念、知识体系和教学方法跟上时代的变化，提高对教育和学科最新发展的了解。

### （四）组织管理能力是中小学正常运转的保证和发展的推动力

教师的组织管理能力是指教师在教育教学活动中协调学校、家长、学生乃至与社会组织之间的各种关系及资源，从而有效施教的能力。教师的组织管理能力包括学校管理、班级管理、学生管理、活动管理等。组织管理活动是教师职业活动的核心之一，它贯穿于教师的教育教学活动之中，是教师的一项重要职业技能。在提升教师管理能力过程中，有两点值得注意。

首先教师应该具备对班级、学生、活动进行有效管理的能力。著名教育学家叶澜早就指出，教师的教育工作，其对象是个体的个人，但又在班级等群体组织中开展。教师要善于发挥学生群体对个人的教育作用，使每一个学生在群体中得到施展才华、培养意志及适应群体生活等方面的锻炼，成为学生真正的良师益友，就需要有管理班级和组织、领导各种教育、教学活动的能力。[①] 科学的组织管理是学校各项工作正常运转的保证。学校教学工作中，常常是有些教师师生关系融洽，课堂纪律好，教学质量高；而有些教师则往往课堂纪律差，管不住学生，严重影响教学效果。此外，还有一种情况，就是一些教师认为组织管理是班主任的事情，与科任老师无关，课堂中出现

---

① 叶澜：《创建上海市中小学新型师资队伍决策性研究总报告》，《华东师范大学学报》1997 年第 1 期。

的一些事情一股脑全推给班主任去处理。殊不知，这样长此以往，对教师自身的专业发展是极为不利的。

其次，教师还应该具有参与学校组织管理的能力。一直以来，人们都认为，学校的组织管理是学校领导的事，教师无权也没必要参与学校的组织管理，甚至绝大多数教师自己也是如此认为的。北京师范大学教育学院于 2003 年 11 月对北京、河南、宁夏等省的教师就参与学校管理的自主性进行了调查，调查结果显示：35. 1% 的教师认为完全不能自主，17. 8% 的教师认为较不能自主，8. 8% 的教师认为较能自主，只有 3. 2% 的教师认为完全能自主。[①] 所以在学校管理中，往往忽视发挥教师在学校管理过程中的主体。这对整个学校的发展、对整个教育的危害是非常大的。只有每一个教师都以主人公的精神来关注学校的命运，群策群力，才能使学校各项工作能够顺利开展，学校的事业才能蒸蒸日上。

## 二　教师专业化背景下教师能力的培养途径

### （一）教师专业能力的形成是一个终身学习的过程

在教师的专业成长过程中，教师的情感、态度、价值观，教师的知识、技能和行为每时每刻都需要不断地调整、修订，重新审视评估和接受挑战考验。教师作为一种专业，要获得相应的社会地位，就必须自始至终促进自身的专业发展，使教师专业具有不可替代性。这就要求教师持续不断地终身学习，接受规范化的训练去掌握专业化所需的理论知识和不断提高技术

① 顾明远、檀传宝：《2004：中国教育发展报告——变革中的教师与教师教育》，北京师范大学出版社 2004 年版。

能力。教师的专业能力就是在不断的教育教学实践与反思中渐趋成熟的。因此，在教师专业能力的培养方面，要把教师的职前培养与职后培训联系起来，作为一个动态的、终身的整体来对待。

### （二）教师专业能力的获得离不开理论与实践的结合

教师专业化存在于实践与知识的融合当中。教师专业能力是在实践教学中逐步提升的，不管是职前还是职后，教师专业能力的培养均离不开理论与实践的结合。

对于在职教师来说，处于教育一线，拥有充足的实践机会，拥有丰富的教育教学经验。但是，为什么仍有大部分教师认为自己的专业能力（包括教育管理能力、人际交往能力、教育创新能力、科研能力、职业规划能力等）不够呢？究其原因，可以归结以下几点：由于教学任务过重，缺乏学习研究的时间；也由于教学任务过重，缺乏学习的主动性；更主要的是，教师的实践缺乏科学的理论的帮助与支持。很多人认为，“教师职业”是“经验型”的，因此，“经验”越丰富，表明教师水平越高，但实质上，如果只有“经验”的不断累加，只注重从教学情节中抽离总结出一条条经验而未形成自身的理论系统，那这种“经验”说到底也只是一种“无源之水”，而如果只一味强调理论，那这种理论永远无法得到验证，只是空谈。因此，专业能力的形成离不开理论与实践的结合。

### （三）大学与中小学应该共同承担起培养教师，提高教师能力的重任

教师的专业成长是一个连续的长期过程，任何人为的断层都有害于教师的成长，最终对我国的教育产生极大的危害。因

此教师教育也应该实现终身化、一体化与专业化。大学是教师理论学习的场所，中小学是教师实践的基地，只有理论与实践的结合才能培养优秀的教师。因此，教师教育应该由大学与中小学共同承担，并且在合作中实现理论与实践的互动，为培养更多合格的教师创造条件，最终实现大学与中小学的双赢。

中小学与大学应该共同承担教师教育的任务，实现大学与中小学的理论与实践互补、教师专业化与教师教育专业化的双赢。

目前，北京师范大学、华东师范大学与首都师范大学都进行了尝试，通过教育学院与中小学的合作，建立了一些示范性的教师专业发展学校，取得了一定的成绩，成为了我国新的教育理论与经验的宣传窗口，为我国教师专业化的进程积累了可贵的经验。

## 第四节　教师专业发展体系之四 ——教师行为的养成

《国家中长期教育改革和发展规划纲要（2010—2020年）》中明确提出："努力造就一支师德高尚、业务精湛、结构合理、充满活力的高素质专业化教师队伍。"随着"教师专业化"概念的进一步深化，对教师行为的研究也被提上日程。随着学科研究的发展和深入，甚至有学者欲把"教师行为"作为教师教育的一个分支来研究，这对一个学科的建设和完善是件好事。近些年来，随着西方行为主义研究的深入，对教师行为的研究也出现了多层次化。然而，对教师行为理论的探讨仍在进行，对概念的界定和厘清以及结构的划分还没有达成共识。随着网络的出现和发展，未来教师的外延将大大扩展，不单是课堂内的教师，还有新型教师的出现，如职业指导专家、心理咨询老师、各类教育分析专家等等，所以教师不仅应关注自己的专业知识的建构、专业能力的完善，还应努力塑造自己的职业行为。

## 一　教师行为概述及本质

我国教育界也有学者关注到教师行为的研究，把教师的素质纳入了教师行为研究的一个层面。

从宏观层面来看，教师行为是教育行为的一种，它与学习行为、教育管理行为共同构成教育行为。按照一些学者的说法，教师行为是教师经过专业化训练和在实践中形成的教育思维、认知结构、人格特征及与之适应的行为方式的总和；是一种教育观念、教育对象和教育环境的函数，教师的行为是由其知识结构、思想意识、价值观、认识水平等决定和控制的。因此，研究教师行为必须研究教育现象、学习理论、教育理论及其思潮；还有专家认为教师行为是一种角色行为，有其自身的特征和规律性，在师生的关系中，教师如何扮演一个适当的角色，通过对学生个体心理的探究，以及教师角色的变换来实现教育目的。

“角色”这一词最早出现在戏剧中，指的是演员扮演的剧中人物。在 20 世纪 20—30 年代一些学者将它引入社会学，形成了“角色理论”，进而发展为社会学中重要的基本理论之一。在社会角色理论中，最早系统地运用这个理论要旨的是美国芝加哥学派的 G. H. 米德。他的研究在整个社会角色理论的研究中最为突出。他研究了儿童角色意识的形成，即从想象扮演某个角色（嬉戏阶段）发展为成熟地承担某个角色（群体游戏阶段）。他认为角色是人们在交往中存在可以预见的互动行为模式，是在互动过程中形成的。角色理论的另一重要代表是美国人类学家R. 林顿。林顿认为角色可以定义为：在任何特定场合作为文化构成部分提供给行为者的一组规范。他还区分了角色与地位，认为当地位所代表的权利与义务发生效果时即为角色扮演。他认为角色是由社会文化塑造的，角色表演是根据文化所规定的剧本进行的。社会角色是由人们的社会地位所决定的行为模式，包含三种含义：一是特定的社会行为模式；二是在群体生活和社会关系体系中所特有的位置和身份；三是个体实现社会规定的权利和义务的行为规范。韩愈在《师说》中提到："师者，传道、授业、解惑也。"这是对传统的狭义上的教师角色的最好概括，而这句话也充分体现了古代教师角色的"权威性"，教师是知识、技能、道德等多方面的权威，从这个角度来看，当时的师生关系单一，教师的角色也相对单一，师生之间的从属关系非常明确。教师和学生之间是单纯的传递和接受关系，学生很少能够从其他渠道获得知识。然而，社会发展到今天，科学技术飞速发展，社会急剧变革，计算机及信息技术也广泛地应用到教学中来，师生之间已经不完全是单纯的传递和接受关系了，学生获得知识的渠道多元化，学生不再依赖于教师的传授，对于教师知识享有的权威性和知识的准确性学生也可以从多方面予以质疑，教师的权威地位受到了威胁，这对教师和学生的关系的变革产生了深刻的影响。"师道尊严"成为一个"传说"，学生在质疑教师传授知识的内容本身的同时，对教师提出了更高的要求。甚至有的学生的知识面，见识面比教师更多、更广，学生在各种因素的促成下，都希望自己的主体性得到真正的落实与体现。因而，在这种情况下教师和学生的关系不那么单一了，教师的角色多元化了。

当然，在这个过程中，教师的基本职能并没有改变，教学、传承和讲授文化仍然是其基本职责，但是传承文化过程中的权威性却大打折扣，学生可以随时随地的质疑教师，“以教师为中心”的时代一去不返了，教师的“角色”发生了“质”的改变，教师的角色越来越向多重化方向发展。教师的指导者、引导者的身份开始慢慢得到学术界的支持与认可，教师开始转变为引导学生在自己精心设计的环境中进行探索。教师不再是单纯的传递者，而有可能同时作为学生的同伴、活动的组织者、学生学习过程的支持者和帮助者，等等。新浪网统计出的尊敬教师的十个理由是：教师是伟人培育者，教师是知识渊博者，教师是人生引路者，教师是无悔奉献者，教师是心灵塑造者，教师是品德示范者，教师是爱的传播者，教师是赤心报国者，教师是甘为平凡者，教师是时代的推动者。综观国内外学者对教师行为角色的论述，现代教师的角色主要有：

1. 设计者。作为设计者，教师要考虑三个问题：教学目标是什么？选择什么样的教学目标和教学策略来实现这一目标？选择什么样的测验手段来检验教学效果？实际上，这三个问题都是围绕一个背景来说明的，那就是“学生”的特点。诚然，教学目标的设计也要考虑国家的因素，社会的要求，但更多的是要考虑学生身心发展的特点，因而可以这样说，无论是教学目标的选择，还是教学事项的安排，抑或是教学效果的检测，都应围绕“以学生为中心”这个特点。

2. 引导者。以前我们经常会提到教师是学生的“指导者”，不仅指导学生的学习，也指导学生的生活，如如何与人相处，如何规划自己的人生。但是今天我们要提的是“引导”。人生就是在不断地做选择题，每个人的每一分、每一秒都处在选择的十字路口，如何选择，如何降低错误的发生，除了让学生自己不断的“试误”以外，教师的引导也显得意义非比寻常。如何引导，引导的方向目标是什么？引导的效果如何监控？这都是值得我们深思的问题。

3. 支持者。教师在引导学生的过程中，并不是直接给出答案，也不是强制学生进行选择。教师的一个重要任务就是激发学生动机、为学生提供必要的辅导、支持和示范等。“授人以鱼，不如授人以渔”，教会学生学习的方法，生存的方法，生活的方法，做事的方法，这才是最重要的。

4. 心理师。在处于成长期的学生的心灵里，教师是任何力量都不能代替的最灿烂的阳光。教师的人格魅力乃至一言一行、一举一动都会在学生的心灵深处留下难以磨灭的痕迹，时时刻刻起着耳濡目染、潜移默化的作用。“师也者，教之以事而喻诸德也”。正如教育家加里宁所说，教育者影响受教育者的不仅是所教的某些知识，而且还有他的行为、生活方式以及对日常生活的态度。教师不仅是用自己的学识教人，而且是用自己的品格影响学生；不仅用语言去传授知识，而且还用自己的灵魂去感化学生和塑造学生的心灵。

5. 组织者和管理者。教师要进行教学环境的控制和管理，组织课堂教学，处理教学过程中的突发事件。教师要想在教学中取得成功，关键的一个素质，就是管理的素质，“以德服人”，“以情感人”，“以理动人”这是管理取得成功的重要的因素。学生正处于敏感的时期，一味地靠压制是解决不了问题的。

6. 伙伴。在强调“友好、合作、平等”的今天，教师要与学生建立友好融洽的关系，而要建立这种关系，就必须首先了解学生的需要、学习特点、兴趣、个性爱好等，以确保做到因材施教；另外，教学过程本身就是个“教学相长”的过程，教师应该以平等的身份与学生进行讨论和合作，共同解决问题。

7. 研究者和反思者。从中世纪有大学以来，大学的职能发生了重大的变化，科学研究成为重要的职能，一个好的教师，除了能在教学上业绩突出以外，还要能根据时代的要求，不断的改进自己的教学，丰富自己的知识体系，要达成这一点，重要的方法就是研究，从理论上提高自己的业务水平。在教学中进行研究，在研究中促进教学，这就要求教师要不断对自己的教学进行反思和评价，分析其中的不足，提出改进方案。

8. 不断进取的人。对教师合理的角色期待，应该是一个不断进取的人，一个不断追求更高的境界、不断学习的人。

教师行为是教师个体在自身职业活动中的人格积淀。教师行为的形成意味着教师价值生命的成熟，也意味着教师本身教学艺术与教学风格的形成。

## 二　教师行为规范的主要内容

教师的行为是多方面的，教师的行为规范涉及教师活动的诸多内容。根据1993年我国颁布实施的《中华人民共和国教师法》，其中提到对教师总的行为要求，而我国历来有尊师重教的传统，也形成了非常丰富的关于教师行为规范的理论和实践经验，总的说来教师的行为规范可分为以下几个方面。

1. 教师的道德行为规范。在《教师法》总则部分，第一条就明确表示我们培养的教师队伍应是一支思想政治良好的队伍。这个思想政治良好，不仅表现在爱国、爱党，忠诚于党的教育事业，更多的表现在教师应为人师表，具备高尚的道德品质，以身作则。实际上，在受到商品经济冲击的今天，教师的道德行为准则受到诸多因素的挑战。网络化时代的到来，信息的公开、透明程度越来越高，教师的行为经常会在网络上受到讨论，尤其是道德方面的，面对多元的价值观，教师应如何自处，重树社会对教师职业应有的信心，是值得每个教师深思的问题。

2. 教师的教学行为规范。《教师法》规定了教师具有“进行教育教学活动，开展教育教学改革和实验”的权利。从教学发展的历程来看，“教学”经历了“工匠化”到“技术化”再到“技艺化”，最后到“艺术化”的发展之路，应该说对教师的教学的要求是越来越高的，教师的教学行为规范的核心内容主要有两条：一是与“育人”相关，孔子说过“学而不厌，诲人不倦”。只有“学而不厌”才能不断地丰富自己的知识体系，在自身知识体系不断完善的基础上，才能做到“海纳百川”，“诲人不倦”。“诲人不倦”不但对教师自身的知识积累提出了要求，也要求教师能不断地把自己已有的知识传授给学生，在这个过程中真正完成“教学相长”；二是“身正为范，为人师表”。教师既要传授知识，又要成为学生和社会上一切人的表率。如何在严格要求学生的同时又尊重学生，如何组织好教学过程，以及如何钻研业务，达到最佳教学效果等是必须认真对待和不断探索的问题，不同的教学行为会收到不同的效果。

3. 教师的交往行为规范。交往行为是指人与人之间相互接触、活动。教师的交往行为规范，不仅包括教师与教师之间的相互交流，也包括教师与领导，与家长等的相处，特别值得注意的是教师与学生“对话”式关系的建立。对于同行之间的相处，关键是要教师之间团结协作，共同进步。今天无论是教学、课程的建设还是科研工作的进行，最重要的是团队的建设；而对于师生之间的关系来说，从古代的强调“师道尊严”、“一日为师，终身为父”到今天强调“平等、友好、合作”，如何在尊重学生的主体人格的基础上促进学生的发展，也是值得我们深思的一个问题。

## 三　确立对话式教学行为

“后现代”（Postmodernism）这个词众说纷纭、褒贬不一，要想给它一个确切的定义似乎不太可能，因为后现代理念本身就反对以机械的、固定的、永恒的、客观的形式来描述事物，反对用有限的定义去表示无限的终极性。后现代主义教育观对课程理解的“复杂性、不确定性和互动性”，更进一步启示我们深入思考，需要传统的只问不答，向发展、对话、探究、创造等课堂处理艺术转变。

后现代教育课程观认为，课程目标既不是精确的也不是预先设定的：目标应是一般性的，生成性的，从而鼓励创造性的、互动的转化、课程不是预先设定的“跑道”。相应地，教师的教学行为也要发生相应的改变。

目前学校正在深化“以学生为中心”的课堂教学模式改革，

努力构建体现“以学生为中心”的教育教学体系。“以学生为中心”的教学模式改革，意在形成多样化的教学方法运用和课堂组织形式，促使学生在教师指导下，改变学习观念，形成自主性学习、发展学生的批判性思维和解决问题的能力，帮助学生提高学习的积极性，并掌握一定的学习技能，促使学生个性化的知识建构。这就要求在教学中打破“以教师为中心”、“以教材为中心”的传统模式，重新审视原有的课堂教学模式和教学方法，积极探索新的可操作性教学方法。

对话，是人寻求真理、探索精神世界的一种重要表达方式。对话思想，可谓源远流长。从孔子、苏格拉底、柏拉图、黑格尔到费尔巴哈，诸多的观点都有对话的思想蕴含其中。在新时期全球多元文化背景下，“对话法”在高校教育过程中也成为一种非常重要的教学方法，是从“谬误中分析出真理的核心教学方法”。特别是在现今高校教育学学科课程的教学中，教育者多从“讲授法”出发，在某种程度上忽视了受教育者精神的诉求，主体价值的体验，忽视了教育主体间的平等与尊重。“对话式”教学法立足于师范类专业学生的体验，立足于学生的未来职业能力和素养培养，已“已知”探求“未知”，“对话式”教学方法在教学中的应用具有现实性与可操作性。

“对话”强调的是师生之间精神层面的交流，将学生看成独立的具有主动性的个体，因此，确立对话式教学行为，首先要变革的是传统的师生关系，注重教学行为中主体精神的诉求。其次，实施“对话式”教学法的形式是多种多样的，应注意的是，无论采取哪一种形式，都不能为了“对话”而“对话”，应注重学生思维能力、创造力的生发。最后，“对话法”并没有固定的模式，在实施“对话法”过程中，仍应根据课程、学生特点来实施。

教师专业发展体系的构建是个系统工程，不仅要求教师个体在专业知识、能力、行为上有所建树，最终目的是推进教师队伍的整体素质的提高。20 世纪 90 年代至 21 世纪初，无论是我国的经济、政治结构，还是高等教育界，都发生了深刻变革，处于其中的教师教育体系和师范院校都面临着转型的抉择，时代走到今天，我国经济、政治变革更为深刻，高校发展在上一轮变革后，面临着新的挑战，关系我国基础教育质量的高师院校与教师教育体系在新一轮变革中将何去何从，将是我们重点思考的问题。

# 参 考 文 献

## （一）外文文献

[1] Anderson，Lorin W. *International Encyclopedia of Teaching and Teacher Education*. NewYork：Pergamon，1995.

[2] Jarvis and Peter. *Professional Education*. London：Croom Helm，1983.

[3] W. Robert Houston and Martin Haberman and John Sikula (1990)：*Handbook of Research on Teacher Education*. NewYork：Macmillan Publishing Company.

[4] John, I. Goodlad, Rojer Soder, and Kenneth A. Sirotnik(eds.). *Places Where Teachers Are Taught*. Jossev-Bass Publishers. 1990.

[5] Altenbaugh，R. J. and Underwood，K. (1990)，"*The Evolution of Normal Schools*". *In Places Where Teachers Are Taught*，ed. Goodlad，J. I. Soder，R. and Sirotnik，K. A：136—186. SanFrancisco：Jossey-Bass.

[6] John I. Goodlad，Roger soder and Kenneth A. Sirotnik（eds.）*Places Where Teachers Are Taught*. Jossev-Bass Publishers，1990.

[7] John I. Goodlad，Roger soder and Kenneth A. Sirotnik（eds.）

*Places Where Teachers Are Taught*. Jossev-Bass Publishers，1990.

[8] Alan J. Reiman. *The Role of the Unieversity in Teacher Learning and Development*；*Present Work and Future Possibilities*. Robert A. Roth（Ed.）. *The Role of the Unieversity in the Preparative of Teachers*. Talor&Francis：Falmet Press，1999.

[9] Linda Darling-Hammond. *The Case for University-based Teacher Education*. Robert A. Roth（Ed.）. *The Role of the University in the Preparation of Teachers*. Taylor &Francis：Falmer Press. 1997.

[10] Nigel Proctor. Towards a Partnership With Schools. *Journal of Education for Teaching*，1984，10，(3).

[11] Harry G. Judge. Teacher Education and the University. *European Journal of Teacher Education*，1991，14，(3).

[12] Robert V. Bullough & Don Kauchak. Partnerships between Higher Education and Secondary Schools：some problems. *Journal of Education for Teaching*，1997，23，(3).

[13] Kenneth M. Zeicher and Daniel P. Liston *TRADITIONS OF REFORM U. S. TEACHER EDUCATION*. 见：http：// ncrtl. msu. edu/（accessed 14：29，28/4/2006）.

[14] *Recommendation concerning the status of teaching*. At：http：// 218.17.222.243/（accessed 15：48，26/11/2005）.

## （二）中文文献

公文

[15] 《北京师范大学“十五”发展规划纲要（师党发[2001] 12号)》，2001年。

著述

［16］张燕镜：《师范教育学》，福建教育出版社 1995 年版。

［17］陈永明：《教师教育研究》，华东师范大学出版社 2002 年版。

［18］梁忠义、罗正华：《教师教育》，吉林教育出版社 1998 年版。

［19］洪明：《教师教育的理论与实践》，福建教育出版社 2002 年版。

［20］《教育——财富蕴藏其中》，教育科学出版社 1998 年版。

［21］苏真：《比较师范教育》，北京师范大学出版社 1991 年版。

［22］滕大春：《美国教育史》，人民出版社 1994 年版。

［23］转引自刘捷：《专业化：挑战 21 世纪的教师》，教育科学出版社 2002 年版。

［24］陈永明：《教师教育研究》，华东师范大学出版社 2002 年版。

［25］谢安邦：《师范教育论》，中国建材出版社 1997 年版。

［26］《辞海》，上海辞书出版社 1979 年版。

［27］吴光华主编：《汉英大词典》，上海交通大学出版社 1993 年版。

［28］科南特：《美国师范教育论著选》，人民教育出版社 1988 年版。

论文

［29］黄崴：《从“师范教育”到“教师教育”的转型》，

《高等师范教育研究》2001 年第 6 期。

［30］荀渊：《国外师范教育层次结构的变革及其启示》，《高等师范教育研究》2000 年第 5 期。

［31］袁锐锷：《世界师范教育的过去和未来》，《高等师范教育研究》1997 年第 1 期。

［32］饶从满、王春光：《反思型教师与教师教育运动》，《东北师大学刊（哲社版）》2000 年第 5 期。

［33］刘复兴：《我国教师教育的转型与政策导向》，《高等师范教育研究》2002 年第 4 期。

［34］顾明远：《论教师教育的开放性》，《高等师范教育研究》2001 年第 4 期。

［35］王长楷、邱玉辉：《改革高师教学模式　培养专家型教师》，《中国高等教育》2001 年第 9 期。

［36］叶澜：《转变观念、开拓发展空间——论当代中国高等师范教育的发展》，《高等师范教育研究》1995 年第 5 期。

［37］朱旭东：《教师教育专业化与质量保障体系》，《中国高等教育》2001 年第 18 期。

［38］阎光才：《美国教师教育机构转型的历史经验及其启示》，《教师教育研究》2003 年第 6 期。

［39］刘和忠：《高师院校教师培养模式改革探讨》，《中国高等教育》2004 年第 13、14 期。

［40］韩清林：《积极推动师范教育转型构建开放式教师教育体系》，《教育研究》2003 年第 3 期。

［41］李宝峰：《教师专业化的现状与对策》，《信阳师范学院学报（哲学社会科学版）》2004 年第 2 期。

[42] 马晓燕：《我国教师专业化的现状及对策》，《山东理工大学学报（社会科学版）》2005 年第 6 期。

[43] 王瑛：《当前高校教师队伍中存在的与创新相关的问题分析》，《江苏大学学报（高教研究版）》2002 年第 4 期。

[44] 陈时见：《教师教育发展与高师院校人才培养模式改革》，《中国高等教育》，2004 年第 11 期。

[45] 谢安邦：《教师教育转型时期的体制创新和制度建设》，《教育研究》2004 年第 9 期。

[46] 曲铁华、冯茁：《专业化：教师教育的理念与策略》，《教师教育研究》2005 年第 1 期。

[47] 张传燧：《教师专业化：传统智慧与现代实践》，《教师教育研究》2005 年第 1 期。

[48] 叶澜：《一个真实的假问题——“师范性”与“学术性”之争的辨析》，《高等师范教育研究》1999 年第 2 期。

[49] 袁贵仁：《我国高等师范教育的发展趋向》，《中国高等教育》2000 年第 24 期。

[50]“高师教育类课程体系和教学内容改革研究”课题组：《高师教育类课程体系和教学内容改革研究》，《山东师范大学学报（人文社会科学版）》2004 年第 6 期。

[51] 覃壮才：《从法律关系看教师教育立法的重点和难点》，《教师教育研究》2004 年第 1 期。

[52] 谭娟晖、唐世纲：《当代高师院校教育类课程设置改革的构想》，《怀化学院学报》2004 年第 3 期。

[53] 王建磐：《中国教师教育：现状、问题与趋势》，《教师教育研究》2004 年第 5 期。

[54] 谢冬平、朱欣：《教师培养机制转型的三个层面解析》，《福建论坛（社科教育版）》2008 年第 6 期。

[55] 郑光勇、吴云鹏、张登玉、唐全鑫：《地方高师院校教育类课程改革之构想》，《黑龙江教育（高教研究与评估）》2006 年第 4 期。

[56] 薛天祥、张金福：《多元、开放的教师教育体系管理体制的构建》，《高等师范教育研究》2002 年第 6 期。

[57] 谢冬平、马会梅：《教师培养过程中“对象范本化”与“个性培养”的平衡策略》，《红河学院学报》2009 年第 6 期。

[58] 谢维和：《我国教师培养模式的制度改革——兼评当前高等师范院校的改革与转型》，《中国教育报》2002 年 3 月 2 日。

[59]《国务院明确今后十年中国教育改革发展五大方针》，中国新闻网，见 http://www.chinanews.com/edu/edu-zcdt/news/2010/05-06/2266978.shtml（访问时间：2014 年 3 月 12 日：16：45）.

[60] 周洪宇：《世界师范教育的发展历程及规律》，见 http：//www.edu.cn/（访问时间：2011 -4 -27，13：24）.

[61] 人民教育出版社教师教育课题组：《教师专业化：新世纪教师教育的理念与改革对策——关于深化教师教育体制改革全面推进教师专业化的初步探索》，见 http：//chat.pep.com.cn/（访问时间：2012 -4 -8，11：32）.

[62] 郭卜乐：《教育机制》，见 http://www.zgxl.net/（访问时间：2011 -4 -2，11：25）.

[63] 郑超:《教育部酝酿取消师范生?教师资格将定期认证》,见 http://www.people.com.cn/(访问时间:2010－4－28,16:50)。

[64] 张金福:《高师院校的分流及现状》,见 http://www.qdedu.gov.cn/(访问时间:2010－4－27,11:23)。

[65] 刘微:《我国教师专业化的现状》,见 http://cur.cersp.Com/(访问时间 2010－11－28,12:28)。

[66] 刘微:《教师专业化:世界教师教育发展的潮流》,见 http://www.edu.cn/(访问时间 2011－11－25,10:25)。

[67] 上海师范大学未来教师论坛,见 http://jkxy.shnu.edu.cn/(访问时间:2011－1－5,11:28)。

[68]《教师专业化:我们应该做些什么》,见 http://xfedu6.vicp.net/(访问时间:2005－1－25,11:23)。

[69]《关于在中小学普及信息技术教育的通知》,见 http://wenku.baidu.com/link?url=pj33LY10aUU6jyoqo3st4BTje-5aChL5n5p0nxovpGQR24HeX9xBmG_zdB2KdgAjbH8zHVJ511EG-nhzk9BuTNPDGqQ7Vtbe7EQ8212ldI0MK(访问时间:2014年4月1日,14:35)。

[70]《国家基础教育课程改革纲要》,见 http://wenku.baidu.com/view/1704d13643323968011c92fc.html(访问时间:2014年4月1日,14:35)。

# 后　记

2000年，我进入湖南科技大学教育学院，第一次接触到教师教育和教师专业化发展这个主题，就对相关问题产生了浓厚的兴趣，之后，无论是研究生阶段还是工作中，我都围绕这个主题展开相关研究。本书就是对这几年来我研究的一个小的梳理和总结。书稿准备付梓，导师和中南大学各位恩师以及师兄、师姐的音容笑貌一一呈现在眼前，各位老师的谆谆教诲，师兄、师姐的无私帮助都历历在目。能有此书，全仰仗导师的悉心指导和栽培。毕业后，我进入红河学院教师教育学院工作，红河学院教师教育学院的发展和我硕士论文中的一些观点和理念非常契合，这进一步激励了我对硕士论文的研究进行进一步深入探究的愿望。因而在此基础上，我申报了相关的校级课题和省教育厅课题，在学院的支持下，我对我的硕士论文的研究成果有了进一步的完善，对教师教育理念以及教师教育发展也有了更深刻的认识。

在此书的成书过程中，要感谢的人太多，我的导师以及湖南科技大学的余杰师兄、傅定涛师兄都对此书作出了非常大的贡献，还有我的爱人朱欣也提出了宝贵意见等等。没有他们的帮助，书稿是不可能成型的。当然在成书的过程中，对教师教育和教师专业发展的研究还是有不完善的地方，如如何真正实现和基础教育的合作，如何从根本上提升拓展教师的专业素质等的论述还是不够完善，这也是在成书后我将进一步进行思考的地方。

再一次诚挚的感谢所有帮助过我的老师、师兄、师姐和爱人。

2014 年 3 月 25 日